老川祥一

読売新聞グループ本社
会長・主筆代理

政治家の責任

政治・官僚・メディアを考える

藤原書店

まえがき

政治の世界は意外性に満ちている。ここ二十年余を振り返ってみても、半年も持つまいと思われていた小泉純一郎政権が堂々たる長期政権を完走したかと思えば、通算・連続ともに憲政史上最長の在任期間を誇っていた安倍晋三政権が、あっけない幕切れで退陣に追い込まれたりした。予測が困難なことが、政治の世界の特徴である。

ところが意外なことに、長期政権のあとにはいくつもの短命政権が続くという、周期性のようなパターンがみられるのも、もう一つの特徴である。

たとえば一九七〇年代以降の歴史をみてみよう。長期安定だった佐藤栄作政権のあとの一〇年間は六代にわたって短命政権が続き、中曽根康弘政権のあとも四代の短命政権で、自民党政権自体が崩壊してしまった。そして七党一会派の連立による細川護熙政権から始まる各党入り乱れての連立政権五代と合わせ、混乱は一三年間におよんだ。

二〇〇〇年代に入ってからの小泉政権のあとも、在任わずか一年の第一次安倍政権や三年で終わった民主党政権を含め、第二次安倍政権の登場までの六年間に六代の首相が出ては消えた。安倍政権の継承を謳って高い支持率でスタートした菅義偉政権が、三カ月後から早くも苦境に立たされたのは、気になるところだ。

「一寸先は闇」のような偶然性と、安定と混乱、栄光と挫折、長期と短期、という周期性に似た必然性が、背中合わせのように一体化しているのが、政治の世界の特異性といえそうだ。しかもこれは、一内閣の消長だけに見られる現象ではない。戦国時代をへて二六〇年間におよぶ太平の世を築いた徳川幕府が、最後は討幕派の前にもろくも崩壊したように、歴史の中にいくつも類似の事例を見ることができる。

日本だけの現象でもない。世界史をみれば、ローマ帝国はじめ多くの巨大国家が、数世紀の繁栄のあと、砂上の楼閣のように消えてしまった例など、枚挙にいとまない。いま、習近平氏の中国が、国内では強権体制、対外的には軍事拡大路線で、既存の国際秩序に挑戦している。一方、アメリカでは、再選に失敗したトランプ氏が大統領選挙に「不正があった」という虚偽情報をツイッターでまき散らし、数千人の支持者が米議会に押しかけて一部が議事堂内に乱入するなど、民主主義の先導役という世界的威信を自ら壊しつつある。歴史の変動を予感させる出来事の連鎖を、いま私たちは目撃している。

一体、何がこうした政治の変動をもたらすのだろうか。

中国古典の長編小説『三国志』(三国演義)の、冒頭の言葉にヒントがありそうだ。

「そもそも天下の大勢、分かれて久しくなれば必ず合一し、合一久しくなれば必ずまた分かれるのが常である」

「久しくなれば」――。つまり時間の長さが、統一と分裂の繰り返しと深い関係があることを見抜いた鋭い観察である。もっとも、時間は、短命政権にも長期政権にも同じように流れているはずだから、時間に加えて、何か別の要素が作用しているのではないか。

『三国志』が、漢が三国に分かれた背景について、「その乱れのもと」は皇帝が「正しき党人を追放して、宦官らの言葉を信じ切っていた」と述べているのは示唆に富む。時間の中で政治という空間を生きる人間たちの、ある種の行動こそが政治を動かす要因だということであろう。

では、それら政治人間たちのどんな行動が変動を生むのか、あるいはどんな要因が人間行動に影響を与えるのだろうか。

戦争や災害など外的な要因もあれば、制度の変更、経済情勢の劇変などの影響もあろう。政治指導者自身の資質や力量も、大きな要素に違いない。マキャベリは「ヴィルトゥ」(徳、力量)と「フォルチュナ」(運)の二つの力を挙げ、運をつかむことの大切さを説いている。どれか一つというのではなく、さまざまな要因が複合して思いがけない結果をもたらすというのが実態といえるだろう。

しかし、そう言っただけでは、時代の特徴や政治現象の意味を理解したことにはつながらない。複合要因のうちの何が、そしてなぜそれが、政治変動に主導的役割を果たしたのかを考察することから、学ぶべきことが浮かび上がってくるように思える。


世界史の考察などは私の手に余るので他に譲るとして、国内政治をそうした視点から観察すると、第二次安倍政権の興亡が、実に多くの内容を提供してくれていることに気づかされる。

向かうところ敵なしで、その気になれば四選もありうると目されていた中で、安倍氏が二〇二〇年八月二十八日、突然、辞任を表明した直接の原因は、潰瘍性大腸炎という持病の悪化だった。健康は、たしかに政治変動の重要な要因の一つである。かつての石橋湛山、池田勇人、大平正芳、小渕恵三など、志半ばで政治の舞台を去った歴代首相の先例が、いくつもある。安倍氏の場合は、首相の座は失ったものの、その後、恢復しつつあることは不幸中の幸いだったといえよう。

私がここで注目したいのは、安倍氏が健康を害するに至った事情だ。安倍氏の持病は、二〇〇七年の第一次政権を途中で投げ出さざるを得なくなった時から、広く世間にも知られていた。その持病が、治ったわけではないが良薬のおかげで症状を抑えることができるようになり、二〇一二年、異例の政権復帰に成功したのだった。安倍氏はその時点では運をつかんだと見える。では、なぜ持病が再発したのか。薬効が限界状態にきていたこともあろうが、体力、気力の極度の消耗が大きな原因だったとされている。その状態をもたらしたのは、二〇二〇年に降ってわいたように日本および世界を襲った、新型コロナウイルスだった。安倍氏はその対応で一月二十六日から六月二十日まで、連続一四七日間、執務に追われ続けていた。

感染症が世界史を変えるほど大きな影響を人類に与えることは、『疫病と世界史』（ウィリアム・H・マクニール）、『銃・病原菌・鉄』（ジャレド・ダイアモンド）などの研究でよく知られているところだ。安倍氏の退陣劇は、その小さな一例かもしれない。しかし、コロナ対応で激務となったのは、欧米など各国首脳いずれも同じだろう。なぜ安倍氏にことさら大きな打撃となったのか。

実は安倍氏はコロナ襲来の前から国会で、俗に「モリ・カケ・サクラ」と呼ばれる厄介な問題で連日のように、野党の攻撃を浴びていた。モリとは「森友学園」に対する国有地払い下げ、カケとは「加計学園」の獣医学部新設の認可、などにあたって安倍氏が不適切な関与をしたのではないか、という疑いであり、サクラというのは首相主催の「桜を見る会」に自分の支持者たちを不当に多数招待し、その前夜祭の参加費を補塡するなどの不正行為があったのではないか、という事案である。

どれも、ひところまでの自民党政治につきものだった巨額のカネが乱れ飛ぶ大スキャンダルと比べれば、スケールも小さく、また、仮に行政手続きなどに不適切な部分があったとしても、率直に謝罪して訂正すれば、小さなトラブルとして処理できた事柄だったように思われる。それが数年越しで国会論議の的となる重大事態になり、その結果安倍氏は神経をすり減らし、コロナ対応の不手際と重なってストレスの倍加を招いていたのだった。

なぜそうなったのか。最初の失敗は、安倍氏がモリ、カケどちらの案件についても真っ向から関与を否定し、とくに森友学園問題で「もし私が関与していたということであれば、首相も議員も辞めますよ」と、たんかを切ったことにある。この一言によって、野党は、事実関係の解明ではなく、首相の「関与」の有無に的を絞ることになった。安倍氏の関与が証明できさえすれば首相のクビをとれる、内閣を倒せる、という構図になって、政局を揺るがす争点に発展してしまったのだった。

しかも、安倍氏の発言に平仄を合わせようとでもしたのか、財務省の担当局長や側近の官僚たちが、「関係文書は存在しない」「関係者との面会記録はない」と否定し続け、その一方で文書の廃棄や改ざんの事実が次々に明るみに出てくる。これらはほとんどすべてウソであることが、その後の財務省自身の調査報告などで確認されることになる。文書改ざんを命じられた近畿財務局の職員が抗議の自殺を遂げ、遺族の夫人が真相の解明と賠償を求めて裁判を起こすという悲劇を生み、首相や首相官邸首脳に対する官僚たちの「忖度」という、これまた異様な現象が世間の嘲笑を浴びる展開にもなった。

「桜を見る会」でも、安倍氏は「私も私の事務所も、一切関わっていない」と全面否定を続けたが、首相退陣後、市民団体の告発を受けた東京地検特捜部の捜査によって、これが全くのウソで、安倍氏の地元事務所が前夜祭の経費を違法に補塡していたとして、秘書が略式の罰金刑の処分を受けるに至った。

ここで疑問に思う人もいるだろう。首相にせよ高級官僚にせよ、なんでそんな、すぐにもバレそうな見え透いたウソをついたのかと。

そこに実は、小さな事柄が政局を動かすほどの重大事態になってしまった理由を理解するうえでの、重要なカギがあるように思う。

安倍氏は、最初、森友問題での「関与」を全面否定した時は、ウソをつくつもりなどなかったと思われる。贈収賄のような意味での「関与」が念頭にあって、それを否定したつもりだったのではないか。それが「いつでも辞める」発言を境に問題の様相が変わったあとも一切の関わりを否定し続けたあたりから、結果的にウソのオンパレードになってしまった。

なぜ安倍氏はじめ政府首脳たちは、財務省局長らの虚偽答弁を容認し、そればかりか褒めあげたりしてしまったのか。自分や官僚の答弁に間違いがあってもバレることはない、たとえバレても数の力でそのまま押し切れる、と判断したに違いない。そこに重大な誤りがあったといわざるを得ない。

政治の世界では、ウソは珍しいことではない。あとで、戦後政治史に残るさまざまな過去の事例を検証するつもりだが、権力闘争の過程でウソや裏切りは日常茶飯事のように行われていた。ただそれらは政治家同士の駆け引きにおける行為が中心で、モリ・カケ・サクラの虚偽答弁のように、国民の代表である国会の場、言い換えれば国民全体を相手にウソをつくことの重大性とは意味が違う。

その重大性の認識が首相や幹部官僚たちに欠落していたことが、この一連の事件の最大のポイントだと、私は考える。「権力の罠」とでもいおうか。ウソをついても、証拠の文書をつぶしてしまえば真実は隠し通せる、知らぬ存ぜぬで国会の質疑をやり過ごせば時間切れで局面を乗り切れる、といった判断は、世間一般の常識では通るはずもないが、権力の座に長くいると、公文書は自分たちの私物、権力の座は自分たちの所有物であって時間すらも支配できる、といった錯覚にいつのまにか陥ってしまうのかもしれない。

政治家の権力は、彼らを選んだ国民から託され、国民のために使われるもの、というのは民主政治のイロハだが、その原理についての自覚と責任感が失われると、権力の座はわが身を滅ぼす落とし穴に変わる。それを防ぐには、不断の緊張感と自己抑制の努力、それに側近たちの率直な忠言が必要なのだが、指導者本人も側近たちも権力を楽しむようになったら、破滅の危機はもうそこにある。

本人たちが困るだけでは済まないのが政治の世界だ。それによって生ずる混乱は国民生活におよぶ。現に、二〇一七年から始まった一連の騒動で国会論議は空転し、安全保障や社会保障など国民生活に重要な政策課題がろくな議論もされずに終わるという、国家的な損失につながった。迷惑するのは国民である。

政治家の責任――。国家と国民を背負って行動する、というその自覚と責任感の希薄化が、近年の政治の混迷の根底にあるように思える。政治の安定は大事だが、安定が続くうちに停滞に変わり、ゆるみ、おごりが生じて足元にひびが入ってくる。

興隆、発展、停滞、衰退、混乱というサイクルは、一つひとつの政権や政治家たちの栄枯盛衰にとってだけでなく、政党組織や政治システム全体の変質など、長期の政治プロセス全体を通じても観察されるだろう。それも螺旋階段を下るように、時間の経過に伴って劣化が進んでいく。政治空間を流れる時間の作用とは、そうした責任感の風化なのだ。

そう述べたうえで、改めて政治の現実を見つめ直してみると、政治家たちを責めるだけではすまないようにも思えてくる。政治家は国民が選んでいるのだから、政治家の劣化は私たちの社会のありようと無縁であるはずがないからだ。何か大きな、それも好ましからざる変化が、社会の側に生じているのではないか。例えばコロナ禍の中で医療従事者たちがいじめにあったり、ＳＮＳなどインターネットの世界が匿名の誹謗や中傷、デマ情報で溢れかえっていることなど、かつてない忌まわしい現象が起きていることを軽視してはなるまい。

政治家や官僚たちの、戦後政治史の中での言動の軌跡を辿りながら、その背景をなす社会の変容や、情報化時代のメディアの役割なども視野に入れて、長く政治の世界の取材に携わって見聞してきた立場からの状況報告を試みたのが、本書である。

私が政治記者になったのは一九七〇年春だった。あれから五一年。昨年からはなんと論説委員長として、ほぼ三〇年ぶりに言論活動の現場でペンを持つ仕事を兼務することになった。新聞記者冥利に尽きる思いだ。本書が、政治に対する読者の理解に少しでも役立ち、またそれによって政治の質がいささかなりとも向上することになれば、著者として喜びはこのうえもない。

二〇二一年三月

政治家の責任

目次

第5章 政治改革の功罪 147

政治家の責任

政治・官僚・メディアを考える

第１章

政治のウソをどう見るか

ユーモアたっぷりのキャッチコピーを掲げていた靴屋
「シューズ・オットー」　　　　　　　　（提供：読売新聞社）

「もうあかん、やめます」

大阪本社に転勤して間もないころ、会社の近くをぶらついていると、面白い看板が目に入った。西天満の交差点わきの靴屋なのだが、ひさしの垂れ幕には、「もうあかん　やめます」の大きな文字。軒下の看板には、横書きでこれも大きく「店じまい　売りつくし」とある。

二〇〇一年春のことである。バブル崩壊から一〇年余になるというのに、景気は依然として低迷したままだ。売れ行き不振でお店はついに倒産、在庫を思い切って安売りで処分するしかないところまで追い込まれた、という悲痛な叫びが伝わってくるようだった。

ところが次の週もその次の週も、同じ看板で、お店は営業している。いや、ひと月たっても二カ月すぎても、なんの変化もない。首をひねりながら数カ月すぎたある日、その店の近くを車で通りかかった折に、運転手さんに聞いてみた。

「あの靴屋さんは閉店の看板を出しているのに、いつも営業している。どういうことなんだろう」

「ああ、あれでっか。わしもだまされましたんや。わははは」

その看板や宣伝文句は、実は昨日や今日のことではなく、もう何年も前からずっと続いているのだという。それで運転手さんも不思議に思って、物は試しにと、そこに靴を買いに行って、店の親父さんに聞いてみた。

「あんたとこ、閉店セールいうてるのに、いつも営業してるやんか」

「閉店なんていうてまへんで」

「店じまいと書いてるやんか」

「ああ、それはうちの屋号や」

なんと、「店じまい」というのはこの店の屋号だと。あっけにとられたが、たしかに閉店セールとは書いてない。「こりゃあ一本とられたわ」と、大笑いして帰るしかなかったということだった。

大阪らしい面白い話だと妙に感じいって社内の友人にその話を伝えたら、「そら違いまっせ」という。本当は「シューズ・オットー」というれっきとした屋号のお店で、店じまいというのは客を惹きつけるためのキャッチコピーなのだという。念のため調べてみたらたしかにその通りで、「店じまい」が屋号というのはやっぱりウソだった。

ただ、ウソには違いないが、この場合、だれも被害者になっていない。靴は粗悪品ではなく本物で、値段も確かに定価の半値ほど。買った客が損をしたわけではなく、むしろお得感を味わえたわけだし、売った店の方も不当な利益を上げたわけでもない。まるで芸術的とでもいいたくなるほど見事な、ユーモアに富んだ大阪商法と、改めて舌を巻く思いだった。

数年して東京本社に戻ったあとも、たまに大阪に出張して西天満あたりを通るたびに「もう

あかん　店じまい」の名（迷）コピーを見て、笑いをバネに苦境を乗り切る大阪のバイタリティーを確認し、一人納得していたものだったが、先ごろ新聞を開いたら、「もうあかん」のその靴店が「ほんまに閉店」という記事が出ていてびっくりした。

記事を読んでみると、お店がオープンしたのは一九七七年。四〇年近くにわたって営業していたが、店主の竹部浅夫さんが高齢で体調不良のため、ついに本当の店じまいになったのだという。開店まもないころから苦難の連続で、なんとか客にアピールできる宣伝文句をと考えたあげくが「もうあかん　やめます」だった。それまでにも「格差社会を是正せよ。身長の格差は当店で」「横綱が土俵際。当店も土俵際」など、時の話題に引っ掛けて迷コピーを掲げてきたが、一番受けたのが「店じまい」。

竹部さんによると「毎日閉店セールってどういうことやねん、と面白がるお客が増え、売り上げが持ち直した」そうで、「本当に閉店」の話が伝わると全国から客が殺到し、閉店前一カ月の売り上げは一五〇〇足と、普段の一〇倍に上ったという。そんな有名な店とは私は知らなかったのだが、お店のファンら有志が「閉店を信じるか」と客にアンケートしたら「信じない」が過半数を占めたとあって、いかにあのキャッチコピーが多くの人々に愛されていたかを、改めて感じさせられた。

ウソの悪質化

「店じまい」が本当の閉店となってしまったのは寂しい限りだが、さらに寂しいのは、こうした騙されても憎めない、どこかほのぼのとした笑いを誘うようなウソが少なくなったことだ。それどころか近年は、お年寄りや弱い立場の人をだまして、有り金をごっそり奪い取る悪質な犯罪が横行している。息子や孫になりすまして電話をかけ、現金を振り込ませるオレオレ詐欺などがその典型といえる。

手口も巧妙化して、銀行のATMであわてて多額の金を振り込ませると怪しまれるので、銀行員や警察官を装ってキャッシュカードをだまし取るといった「手渡し型」もふえているという。この種の犯罪を総称して「特殊詐欺」というのだそうだが、二〇一七年の一年間でわかっただけでも一万八〇〇〇件を超え、被害総額は約三九〇億円にのぼったといわれる。

一度に数千万円もの大金をだましとられたというケースもあると聞くと、ずいぶんおカネを持っている人もいるものだという驚きの方が先に立ってしまうが、それとて老後のために、そして子や孫のために、必死で暮らしを切り詰めて貯め込んだものだと思うと、だまされて全財産を一挙に失った人の嘆き、悲しみは想像にあまりある。

それに、これらの犯罪で摘発された容疑者の多くは高校生、大学生ら若者で、中には中学生の少年、少女もいる。「いいアルバイトがあるよ」「荷物を受け取ってくれれば五万円と交通費を払う」などの甘言を信じて詐欺グループの手先になっていた。彼らもまたウソの犠牲者といえる。

そうかと思えばプロの建設会社を相手に、他人の土地をあたかも自分たちのもののように関係書類を偽造して売買し、何十億円という巨額の資金を手にいれて山分けする「地面師」なる犯罪グループもある。映画に出てくるような悪徳政治家でも思いつかないくらい、大胆で巧妙、かつ悪質な詐欺である。

政治家のウソ

政治家はウソつきとよくいわれるが、ウソはこのように世間一般の、さまざまな場面に満ちあふれている行為であって、政治家に特有の問題ではない。あるいはまた、「ウソも方便」といわれるように、人間関係の潤滑油的な役割を果たすものもあれば、人の運命を狂わせ、人生を破壊させてしまうような悪質なものもある。

だがそれならなぜ、政治の世界はウソが多く、政治家にはウソつきが多いといわれるのだろうか。それは政治の世界が人間関係の縮図であって、しかも政治家は、その人間社会のあらゆる善と悪を凝縮した政治の世界をマネージするのが仕事である以上、世間一般の生活者より、良くも悪くも一段抜きんでた能力を必要とされるからだと、私は思う。

もちろん、政治家に求められる能力はウソだけではない。国家の平和と安全、国民生活の安寧と福利を図ることが政治家の使命であり、すべての能力はその公共的目標に向けて発揮されなければならない。そのために必要な限りにおいて、時にはウソも一定の役割を果たすということではないか。

ヒトラー対スターリンの独ソ外交戦

外交の舞台では、その種の虚実取り混ぜた駆け引きが展開されるのが常だ。例を挙げればきりがないが、戦前の独ソ不可侵条約など、その代表的なものだろう。反共のドイツ・ヒトラー政権と反ファシズムのソ連・スターリン政権が手を結ぶことなどありえないと思われていたのが、一九三九年八月、その独ソが突如、相互不可侵条約に調印した。世界中が驚いたが、その当事者であるスターリン自身が、ほどなく驚愕させられることになる。二年後の四一年六月、こともあろうに相手のヒトラーが突然、条約を破ってソ連に電撃的な攻撃を開始したのだ。

壊滅的打撃を受けたソ連は、その後巻き返してベルリン包囲戦でようやくドイツを破ったが、この独ソ戦によるソ連側の死者は二七〇〇万人にのぼったという。独ソ不可侵条約は、ヒトラーにとっては、ポーランド侵略など第二次世界大戦を引き起こし、その初期段階を有利に展開するための、時間稼ぎの手段にすぎなかったのだろう。

冷酷、残忍さではひけをとらないはずのスターリンだったが、その彼にしてヒトラーの裏切りを予想できなかったのだろうか。『第二次世界大戦の起源』(A・J・P・テイラー、講談社学術文庫)によるとスターリンは、不可侵条約調印を終えたリッベントロップ独外相に、「ソ連政府はこの新条約を極めて真面目に考えている。ソ連は盟友を裏切らないと名誉をかけて保証する」と述べたという。だからドイツも同様に約束を守れ、と念を押したのだろう。明らかに不安を感じていたようだ。しかし、それでも条約はソ連にとって、かなり長期間、有用だと考えて、条約を締結したのだろう。「平気で悪事をする人間は、他人から欺かれると不平をいうものである」(テイラー)。

独ソ不可侵条約は、日本にとっても驚天動地の事態だった。当時日本は、ドイツと連携することでソ連との戦いを有利に進めようとしていた。互いに敵対関係にあるはずの、そのドイツとソ連が友好関係を結んだとあっては、日本の戦略の前提が崩壊する。時の平沼内閣は「欧州ノ天地ハ複雑怪奇」という言葉を残して総辞職に追い込まれてしまった。

あわてた日本はそれまでの方針を転換し、一九四一年四月に日ソ中立条約を結んだ。これでなんとか北方の安全が確保されたと判断し、またドイツの当初の快進撃にも幻惑されて、日本は十二月、対米戦争に突入した。これが大失敗。日中戦争の泥沼化と重なって戦況はたちまち行き詰まり、敗北は必至の状況になった。最後の局面打開の試みとしてソ連に仲介を依頼したが、ソ連は逆に日本が全面降伏する直前の四五年八月八日、対日宣戦を布告して、旧満州や北方領土に一斉攻撃を仕掛けた。ヒトラーにスターリンが騙され、そのスターリンに今度は日本が、煮え湯を飲まされたわけだ。ウソと裏切りの「複雑怪奇」な国際情勢に身を投じ、日本は空前の破滅的大惨禍をこうむってしまった。

ニクソン、キッシンジャーによる米中接近の秘密外交

国際政治は弱肉強食の世界だとしても、独ソ「不可侵」のウソに始まるヒトラーの悪行は、権謀術数の次元を超えた凶悪な犯罪であり、肯定的な要素はひとかけらもない。これに対して、一九七〇年代初頭のニクソン・キッシンジャーによる米中接近の秘密外交は、国際情勢を冷戦から緊張緩和へ転換する促進剤となった点で、肯定的に評価できる事例のひとつといってよかろう。

一九七一年七月、ニクソン米政権は突然、ニクソン大統領が翌七二年に訪中することで中国側と合意したと発表した。いわゆるニクソン・ショックである。事前にキッシンジャーが密かに訪中しておぜん立てをしていたことを含め、日本政府にとっては寝耳に水の話である。これをきっかけに、翌八月の第二のニクソン・ショック（金・ドル交換停止の発表）と合わせ、当時の佐藤政権は対米政策の弱さをさらけ出して弱体化し、翌年の佐藤退陣、田中政権の誕生、日中国交正常化へと、大きな政治変動をみせることになる。

当時の外交関係者によると、キッシンジャーの動きについては日本側も、おぼろげながら事前に、不審な思いで探りを入れていたという。キッシンジャーがパキスタンに行って、その後一時期、所在が不明となったことがあった。イスラマバードの日本大使館を通じて現地の米大使館に問い合わせると、腹痛を起こして大使館内で静養しているという回答。パキスタン政府も同様の説明で、どんな様子なのかはノーコメント。

しかし、この関係者が独自のルートから入手した情報によると、現地の米大使館と本国のホワイトハウスの間では、毎日のようにイスラマバードと北京の間の気象に関する情報が行き交っていた。なんで天気予報のやりとりがこんなにひんぱんなのか。首をひねりながらも、それ以上の情報は得られないままとなったが、キッシンジャー訪中の発表を聞いて、ああこれだったのかと、思わず膝を打つ思いで悔しがったという。「腹痛」は、動きをさとられないよう、人を欺くためのカモフラージュで、その間、キッシンジャーはひそかに北京に飛び、周恩来首相ら中国側と、ニクソン訪中の打ち合わせを極秘に進めていたのだった。

政治におけるウソと真実

外交は情報の秘匿が鉄則だ。途中で情報が漏れて国内、国外どちらかでも批判や反発が起きたりしては、成功はおぼつかない。交渉が完結するまでは、時にはウソをついてでも真相を隠し通すことになる。

第二次世界大戦時の英国を指導したチャーチル首相は、こんな言葉を残している。

「戦時においては真実はきわめて重要なものであり、これには常に『嘘』というボディガードをつけておかなければならない」（海野弘『スパイの世界史』）。

真実の情報を得るためには、また敵国にこちらの真実をつかまれないようにするためには、ウソも大事な武器になるという意味だろう。チャーチルは秘密情報を読むのが趣味で、またその秘密情報を操作し、陰謀を企むのも好きだったと、前掲書にある。ただし、そうなると、どの情報が真実でどれがウソかを見極めることが欠かせない。そのためには情報の出所や入手ルートなどについての正確な情報と、それをもとに真偽を判別する判断力が、勝敗を左右するカギとなる。キッシンジャー極秘訪中の際、アメリカ側の気象情報の交信に気づいた日本側の努力は「真実」への第一歩だったが、そこから先を読めなかった点で情報活動の弱さを指摘せざるをえない。

また、ウソが有用な武器だからといって、すべてのウソが許されるわけでは、もちろんない。ヒトラーの侵略のような、人類を破滅の淵に追いやったほどの蛮行を、外交や国際政治の名において容認することなど、あってはならない。そこで次に問題になるのは、許されるウソとそうでないウソとを分ける基準は、どこにあるのかということになる。

善意に基づく行為が意に反して最悪の結果を招くことが、政治の世界ではしばしばある。だとすれば、動機の良しあしではなく、むしろその行為がもたらした「結果」が、判断材料の一つになるのではないかと私は思う。「腹痛」を隠れ蓑にした米中接近の秘密外交は、アメリカにとっては泥沼化したベトナム戦争の負担を減らしたいという自国本位の動機があり、日本にとっては一時的には日米関係を揺るがす大きなショックで、佐藤内閣の短命化をもたらしたという負の影響はあったが、世界にとっては緊張緩和の時代を生み、そして日本にとっても日中関係正常化を促進したという意味で、前向きの結果をもたらしたといえるのではないだろうか。

岸信介と大野伴睦の密約

ただ、動機ではなく結果で判断するといっても、その「結果」の是非について判断がつきがたいケースもある。政治家同士の化かしあいのような、権力争いの世界では、そうした事例がしばしばみられる。例えば一九五九年一月の、岸信介首相と大野伴睦・自民党副総裁の、政権移譲をめぐる密約問題だ。戦後政治史に名高い「光琳の間の密約」である。

五七年二月に首相の座についた岸は、最初は「低姿勢」でスタートしたが、翌年春の総選挙で安保条約改定や警察官等職務執行法改正などに着手したあたりから、自民党内の反主流派との対立が深まった。このころの自民党は、一九五五年の、自由党と民主党の「保守合同」で誕生してまだ数年しかたっていない時期で、主流、反主流の顔ぶれもさまざまに入れ替わるなど、流動的な状態にあった。また岸は官僚出身、大野は生粋の党人派で、それまではあまり親密ではなく、岸は同じ党人派人脈でも河野一郎と盟友関係にあった。

ところが岸は、池田勇人ら反主流三閣僚が辞任するなどで窮地に追い込まれると、大野に協力を求める。五九年一月五日、伊東の別荘で静養している大野に、岸から電話があり、熱海の別荘にいるので来てくれという。河野もそこにいて、岸はこう切り出した。

「どうか岸内閣を助けていただきたい。私は太く短く生きるつもりです。いつまでも政権に恋々としていようとは思わない。しかし今退陣したのでは、岸内閣は何ひとつしなかったといわれ、世間から笑われます。（中略）安保さえ終われば、私は直ちに退陣します。後継者としては、大野さん、あなたが一番良いと思う。私はあなたを必ず後継総裁に推すつもりです……」と切々とした言葉で頼むのであった。私は「総理大臣になるような柄ではないし、そんな野心もない」といった――。

この場はそれで終わったが、このあと、岸の発言を確認するための会合が、帝国ホテルの「光琳の間」という部屋で開かれることになった。出席者は岸、大野、河野のほか岸の実弟の佐藤栄作、共通の友人である大映社長の永田雅一、北炭社長の萩原吉太郎、そして児玉誉士夫を加えた七人。

大野の回想録によると岸は、「口約束では信じないならばはっきり誓約書を書いておこう」と言い出し、秘書に筆と墨、硯と巻紙を持ってこさせ、岸自ら筆をとってこう書いた。

「昭和三四年一月十六日　萩原　永田　児玉三名立ち合いの下に於いて申し合わせたる件については協力一致実現を期すること　右誓約する」

大野によると「光琳の間」の会合は「一月九日夜」となっている。また児玉の『悪声・銃声・乱世』（廣済堂）によると、誓約書を書くことにしたのは永田が「政治家諸公はときどき口にしたことを、実行しないクセがあるから、きょうはひとつ誓約書を作っておかれてはどうか」と促したからだという。このように細部については関係者の証言に多少の相違はあるものの、岸が大野に政権を移譲する約束をして、自ら誓約書を書いたことは間違いない。

これほどたしかな証文があったのに、大野政権は幻に終わった。大野の回想録によると「岸君の手形は、私に対してだけでなく、その後、池田君や石井光次郎君に対しても発行されていたのだそうである」という。疑問を抱いた大野が岸に問いただす場面もあったが、岸は「新条約批准後は退陣し、大野さんにバトンを渡す」と言い切る。岸はこれらの手形で一年半にわたって政権を維持し、六〇年六月、安保条約の強行採決、自然承認を機に退陣となった。後継をめぐる総裁選は各派入り乱れての多数派工作で大混乱、大野は支持勢力を切り崩され、最後は出馬もできずに涙を飲んだ。

岸が初めから大野を騙すつもりだったのか、誓約書の時点では本気だったがその後の成り行きで約束を果たせなくなったのか、どちらとも判断しにくい。岸自身は『岸信介回想録』でも密約問題について直接的には明言していない。ただ、安保条約審議の過程で、岸が長期政権を狙って総裁選に三選出馬するのではないかという疑心暗鬼が党内で出ていたことについて、回想録でこう述べているのが興味深い。

「当時の私は安保改定を実現すること以外は念頭になかった。安保改定が実現した段階において、私に引き続き総理、総裁をやれというのであればやるし、やめろというならやめるだけの話だと考えていた」

恬淡とした心境を述べているように聞こえるが、少なくとも、安保改定実現後に、自ら進んで退陣するという意思はなく、また退陣した場合に大野に政権を譲る気持ちもなかったことが読み取れる。結果において岸の誓約がウソに終わったことに違いはない。

一方で騙された形の大野はこう述べる。

「私はあの総裁選挙戦を通じて、何人かの人に騙されたが、（中略）今日私は池田総裁の依頼と指名により、副総裁として総裁を補佐している。河野君も心機一転党のため、首相に協力している。一方、池田政権をつくるため、私との約束を反故にした佐藤君が、今では池田首相に背を向けている。まことに政界の有為転変は激しい。今後も政界はこうした転変を繰り返すことだろう。しかし今や自分の地位や名声に、何も野心のない私は、大所高所から、保守党の発展のために、党の統一を守るために、晩年をささげたいと思う」

ふつうの人なら発狂してもおかしくないほど手ひどい裏切りを受けて、それでもなおこんなに澄み切った心境でいられるものだろうか。信じられない人も多いだろう。事実、これは大野が、かなり時間がたってから書いた回想であって、当時の大野はだまされたと知って、悔し涙を流して「オイオイ泣いていた」という。それを目撃していた人がいる。私の上司の渡邉恒雄さん（現・読売新聞グループ本社代表取締役・主筆）である。

渡邉さんは当時、大野番の記者で、「光琳の間」の密約の一部始終を取材していた。二〇二〇年二月号の雑誌『文藝春秋』のインタビューで、渡邉さんが語ったところによると、事実はこうだった。

岸の煮え切らない態度に大野さんがやきもきしているのを見て、渡邉さんは岸に直接確かめにいった。そうすると岸はこう答えた。

「私の心境はでしゅよ、白さも白し富士の白雪でしゅよ」

渡邉さんはこれを聞いてピンときた。これは執念深い復讐の言葉だと。

白紙の心境だ、という意味の言葉がなぜ復讐なのか。実は一九五六年の総裁選に出馬した際、岸は大野に土下座せんばかりに助力を頼んだ。その時大野は岸に「白さも白し富士の白雪」といって追い返したのだった。

「ホテルオークラの大野さんの部屋に行くと、普段は虎みたいな男がオイオイ泣いている。そして『俺の派の代議士は、岸は俺に（票を）入れると言っていた。君だけが本当のことを言ってくれた……渡邉君だけが本当の情報をくれた。俺は感謝している。俺が死んだらおれの家族を渡邉君のために尽くさせる』とまで言ったよ」

煮え湯を飲まされた恨みを忘れてはいないぞ、今度は君が煮え湯を飲む番だ、というすさまじい復讐心を「白さも白し」などといったさりげない言葉で伝える岸さんも岸さんだが、裏切られてオイオイ泣きながらも、しばらくすれば何事もなかったように悟りの境地を語る大野さんも見事というほかない。

ことの是非はともかく、政界という、騙し騙されて転変する世界で生きる人たちの、とくにこの時代の人たちの、心の強靭さには感嘆するばかりだ。

田中角栄退陣劇における福田赳夫と三木武夫

似たような事例で思い出すのは一九七四年秋、私自身が取材にあたった田中角栄首相の退陣劇と、後継者をめぐる福田赳夫と三木武夫の行動だ。詳しいことは拙著『政治家の胸中』（藤原書店）を参照していただきたいが、田中が金脈事件で退陣し、後継者をだれにするかが焦点となった時のことである。

まずその選出方法として、田中の盟友・大平正芳は総裁公選を主張した。田中・大平の主流派が結束すれば、中間派の一部を加え、数の力で反主流の福田・三木連合を破ることができるという判断からだ。これに対して反主流側は、公選ではまた金が乱れ飛ぶ乱戦になって混乱を深めるといって反対し、話し合い路線を主張した。せめぎあいの結果、主流派が譲歩して話し合い方式と決まり、福田、大平、三木、それに進行役として若手の中曽根康弘が加わり、椎名悦三郎・党副総裁が裁定するという形の、五者会談が開かれることになった。

話し合いとなれば福田で決まり、というのが大方の見方だった。福田派は田中派と並ぶ大派閥で、ポスト佐藤の後継選びでは田中と争い、総裁選の第一回投票では首位に立った。決選投票で田中・大平・三木らの連合勢力に逆転され、苦杯をなめた立場である。今回は傍流の小派閥である三木派が反田中に回り、福田と連携して田中内閣を倒したわけだが、それまでのいきさつからいって、田中のライバルである福田が政権を握ることは当然のように思われていた。

当時私は福田派の取材を担当していた。党内調整が大詰めを迎えつつあったある日、岸さんが福田さんの事務所に姿を現した。岸さんは福田さんの後見役のような立場だったので、「情勢は福田さんに有利に展開しているようですね」と水を向けた。すると岸さんは、「まあね」とニコニコ笑いながら、「まあしかし、カニの死にバサミってこともありますからね」という。カニの死にバサミ?――。何のことか。

死にそうなカニをいたずらして指でつついたりすると、はさみで挟んで離さない。うっかりすると指をちぎられることもある。最後まで油断は禁物だよ、という意味だった。百戦練磨の岸さんらしい洒脱な表現で、要するにあまり楽観しないようにというのが、岸さんの思いのようだ。

そういえば岸さんは、一九五六年の、鳩山一郎内閣退陣後の後継を選ぶ総裁選挙で、第一回投票では一位になったのに、決選投票では、当初二番手だった石橋湛山の二・三位連合に逆転されて、煮え湯を飲んだことがある。石橋さんが政権担当わずか二カ月余で病気退陣したため岸さんに政権が転がり込んだが、そうでなかったら岸政権の登場も安保改定もなかったかもしれないという、数奇な体験の持ち主だった。

岸さんの言葉が気になって、あとで福田さんに聞いてみた。

「三木さんはバルカン政治家と呼ばれて変わり身の早いことで有名ですが、本当に信用できるんですか」

「まあ、三木さんが変わったのか、それともあれこれいう人の方が間違っていたのか。どちらにしても今の三木さんについては、信用していいと思っているんだがね」

三木さんはそのころ毎朝、福田さんに電話をかけ、党内情勢を報告して情報交換をしていした。会えばふたこと目には「福田さん、あなたでなければこの危局を救えない」という趣旨の言葉をかけていた。三木さんも福田さんに全幅の信頼を置いていることは、間違いないようにみえていた。

そして七四年十一月三十日、いよいよ明日は椎名さんの裁定で後継者が決まるという夜になって、福田さんではなく三木さんが後継者に指名されるようだという情報が耳に入った。もしや岸さんの予感があたったのか。驚きながら十二月一日早朝、福田さんの家に駆け付けた。福田さんは朝食をとろうとしていた。

三木さんから定例のモーニングコールがあったかと聞くと、今日はまだないという。側近の園田直さんがあわてて三木さんの家に電話をかけにいったが、もう出かけてしまって連絡がとれないと、青い顔で戻ってくる。

その時の光景は今も目に浮かぶ。福田さんは箸を置いて縁側に立つと、しばらく空をながめ、座敷に戻るとポンと机をたたいた。そしてひとこと「全面支持だ」。その間なんの会話もないのに、福田さんは瞬時に、自分ではなく三木さんが指名されると判断し、その裁定を全面支持すると、決断を下したのだ。

今度こそは獲得したと思っていたに違いない自民党総裁・総理大臣の座が、するりと体をかわして、こともあろうに盟友と信じていた三木さんの方にいってしまう。頭の中は真っ白、あるいは胸中は煮えくり返る思いだろうに——。気の毒な思いで「まあ、三木さんが首相になっても短命政権でしょうね」と言葉をかけると、福田さんは意外にも「いや、長期政権。俺が支える」と、即座に言い切った。

このあと党本部で開かれた椎名裁定の場はどんな様子だったのか。三木さんはどんな顔をして、福田さんになんと言ったのか。あとで福田さんに聞いてみた。

「国家、国民のために神に祈る気持ちで考え抜いた」結果だとして、椎名さんは、後継総裁にふさわしい条件として「清廉なることはもちろん、近代化に取り組む人」を挙げ、「この際、政界の長老である三木武夫君が最も適任」と裁定文を読み上げた。一瞬、その場は静まりかえる。福田さんが沈黙を破って「結構です。私に異存はありません」と賛意を表明し、大平さんは「持ち帰らせてほしい」と退席した。三木さんは「晴天の霹靂ですねえ」と、驚いたかのような表情を見せ、福田さんに「ちょっと」と声をかけた。

別室に移った三木さんは、福田さんの膝に手を置いて、「福田さん、本当はあなたがやるべきだ。あなたが全面協力といってくれないと、私はできないんです」と言った。福田さんが選ばれるべきだといっているかのように聞こえるが、そうではない。私はやりたい、あなたは全面協力といってくれ、というのが真意だろう。もとより福田さんはすでに三木さん支持を決断していたから、話はあっさり終わったが、三木さんの、相手にいやだといわせない、練りに練った老獪な言い回しには、感嘆を禁じ得ない。

あとでわかったことだが、三木さんは、実は少なくとも椎名裁定の前夜の段階で、裁定が「三木」と出ることを知っていたのだ。それどころか、椎名さんが読み上げた裁定文は、なんと三木さんが自分でペンをとって手を入れていたのだった。

椎名さんと親しかった元『サンケイ新聞』出身の政治評論家、藤田義郎さんが『椎名裁定』

という著書の中で、その一部始終を語っている。それによると三木さんは、田中さんの退陣が濃厚になった十月末の時点ですでに、藤田さんと会った際、後継者には政界長老の灘尾弘吉さんか自分しかないという趣旨の発言をしていたという。そして、それからほぼひと月後の十一月三十日夜、椎名さんの秘書から藤田さんに裁定の文案を書いてほしいと依頼がきた。藤田さんは三木邸を訪れ、その旨三木さんに伝えた。

「とたんに『待ってくれ』。三木はいきなり私の肩をグイグイ押さえつけながら、『藤田クン、それは後世に残る天下の名文にしなければいかん……それはボクが書く』」。

そういって三木さんは書生に原稿用紙と万年筆を持ってこさせ、藤田さんが「神に祈る気持ちで」などの椎名さんの心境を言葉にすると、「神に祈る、絶対入れんといかんからねエ」などと言いながら、気ぜわしくペンを動かしたという。藤田さんがのぞき込むと、驚いたことにミミズが這ったような文字で、とても読めない。翌早朝、藤田さんが清書し直して三木邸に届けると、三木さんは「よくできている。名文ですよ」といったうえ、裁定文の「三木」という文字の上に「政界最長老の」という言葉を挿入するよう頼んだという。

福田さんにとってはトンビに油揚げ、どんでん返しの裁定だったが、三木さんにとっては初めから「三木政権」誕生へ向けて着々と布石を打ってきたシナリオの、見事な完成であったのだ。三木さんの執念と凄腕ぶり、そして人のいい福田さんを騙し続けることができた精神力の強さにも、舌を巻く思いだ。

田中角栄復権への意地とそれを阻んだロッキード事件

さらに、この一件にはもう一つ、奥がある。三木さんを後継に決めた椎名さんの裁定は、田中さんも了解済みだったフシがあることだ。田中さんは金脈事件で退陣に追い込まれたのだが、退陣後、早期に復権することを考えていた。そこで浮上したのが椎名暫定政権構想だった。椎名さんにいったんは政権を譲り渡す。まあ半年もすれば金脈追及のほとぼりもさめるだろうから、その段階でもう一度政権に返り咲く、という筋書きだ。

椎名さんもその構想に乗りかけたようだったが、福田・三木の反主流派などから「行司がまわしを締めるのか」と一斉に反発が出て、断念せざるを得なくなった。そこで次の選択肢として出てきたのが三木さんを後継にする案だ。三木さんの派閥は小さく、自民党の本流でもない。政権の座についても弱体政権だから短命に終わるだろう。クリーンなイメージで金権政治批判の急先鋒を務めた三木さんに政権を渡せば、世論は好意的に受け止めるだろうし、そのうえで早期に退陣させれば、田中さんの復権は容易に実現できる、という読みだ。

田中さんとしては、とにかく福田政権だけは絶対に阻止したい。福田さんは佐藤政権時代以来のライバルで、派閥の力も大きい。政権を握ったら長期政権をめざすだろうし、実際にそうなりかねない。田中復権の芽がつぶされてしまう。

三木さんの政権獲りの野望と田中さんの復権への執念。二人は激しく対立しているようにみえて、実はベクトルが奇しくも一致していたのだ。その結果が、「福田政権阻止、三木政権の誕生」だったといえる。想定外のどんでん返しとみえたのは、あくまで福田さんサイドの視点であって、権謀術数の政界の論理からすれば当然の成り行きだったということにもなる。

田中さんのシナリオは、しかし、見果てぬ夢に終わる。三木さんのしたたかさを読み誤ったことが一つ、そしてもう一つは、思いもよらぬ大事件がアメリカから到来したことだ。ロッキード事件である。

三木さんは首相に就任すると、かねてからの主張である政界浄化や党改革の旗を掲げ、派閥解消や政治資金の規制強化などを推進しようとした。生みの親ともいうべき椎名さんや田中派側は裏切られた思いで、党内のあつれきは深まる一方となった。そこへ飛び込んできたのがロッキード事件だ。米航空機メーカーのロッキード社が日本政府高官らに巨額のワイロを送ったという、米上院外交委員会多国籍企業小委員会の公聴会のニュースである。

一九七六年二月五日（ワシントン時間二月四日）。その朝、私は東京本社の外報部（現在は国際部）のデスクにあいさつにいった。それまで政治部で国内政治の取材に明け暮れていた私だったが、三月からワシントン支局に特派員として赴任することになり、外国ニュースを扱う外報部で一カ月間、下準備の作業をすることになったからだ。

机につくとデスクから早速、「このテレックスを翻訳して」と声が飛んだ。米上院公聴会の、議員らと証人のコーチャン・ロッキード社副社長との一問一答の英文議事録だ。何人かで手分けして翻訳にかかると、驚くような証言が次々に出てくる。

「ロッキード社の航空機を日本に売り込むため、三〇億円以上が支払われた」

「そのうち二一億円は児玉誉士夫に渡った」

日本政界を揺るがす大疑獄事件の始まりである。やがて児玉の名前に続いて小佐野賢治・国際興業社主や商社の丸紅などの名前が伝わってくる。これは大変なことになるな。そう思った途端、私自身も大変なことになった。赴任はまだひと月先のはずだったのが、ワシントン支局の取材応援で、直ちに現地へ飛べという指示がきた。直ちにといわれても、まだ準備がない。数日の猶予をもらい、その間大急ぎで、なじみの政治家たちをあいさつに回った。

小佐野の名前が出てきたとなると、「刎頸《ふんけい》の友」である田中さんの方に捜査の手がのびるかもしれない。そう思って福田さんの反応を探ると、「まあ、捜査の行方をみないとねえ。あまり先走らない方がいい」と慎重な言い回しだったが、三木首相の側近に様子を聞くと、「総理は真相解明にすごく熱心だ」という。「フォード大統領に親書を送って、米側の資料を提供してもらうんだ」と張り切っているのだと。

数日後、ワシントンに着くとすぐに日本大使館に行き、顔なじみの大使館幹部に「三木さんは大統領に親書を送るようですよ」というと、その幹部は「なにい、親書だって？　なにを血迷っているんだ」と目をむいた。関係資料は議会かＳＥＣ（証券監視委員会）のどちらか、あるいは両方にあるようだ。しかし、議会もＳＥＣも、行政機関である米政府からは独立した存在で、大統領が資料提出を命じたりすることはできない仕組みになっている。「総理はアメリカが三権分立の国だということも知らないのか」と、吐き捨てるように語った。

それから数日。日本大使館幹部の困惑をよそに、本当に三木首相からフォード大統領あて親書が送られてきた。大使館としては米側に届けないわけにはいかない。米側も外交上、日本の首相の要請を門前払いするわけにはいかない。日米双方の外交ルートで知恵を絞ったあげく、結局、大統領がＳＥＣに協力の要請を行い、その一方で日本の法務省とアメリカの司法省の間で日米捜査共助協定という新しい協定を結ぶ、ＳＥＣから米政府が資料提供を受けたら新協定に基づいて日本の捜査当局に引き渡す、という方法を編み出した。

その後の結果はすでに明らかなように、東京地検特捜部による資料の解明、コーチャンら米側証人に対する米当局による嘱託尋問などをへて、日本側関係者らの逮捕につながっていく。そして七月二十七日、ついに田中さんの逮捕。

日本では当時、日本以外の諸外国でもロッキード社など米航空機メーカーによる贈賄工作が行われたのに、どこも大した汚職事件に発展せずに収束し、日本だけが田中逮捕という事態になったのはアメリカの陰謀だ、という解説が盛んにおこなわれた。今も時々、似たような筋書きのストーリーが語られることがあるが、私の知る限り、それはいかにも日本中心の視点からの、一種の被虐的ともいうべき解釈のように思える。

ロッキード事件は一九六八年秋の、ニクソン再選をめぐる大統領選挙が発端で、敗れた民主党側が米議会でニクソン陣営の選挙資金の実態を洗い出している過程で明るみに出たものだ。ロッキードはじめ複数の米航空機メーカーが欧州や中近東諸国に航空機を売り込む際、武器商人を使って相手国には高く売り、その利ザヤの一部を還流させてニクソン陣営に献金したのではないかという疑惑だ。

日本だけが田中逮捕まで発展したのは、田中さんが首相時代、シベリアの資源開発などで当時のソ連と緊密な関係を築いたことがアメリカの虎の尾を踏む結果になったのだ、というのが日本の一部論者が語る陰謀論だが、そうではなくて三木さんが「真相解明」を旗印に、捜査当局に徹底的に「政府高官」を追及させたことが大きな要因だと、私は思う。

それが政界浄化へ向けた「クリーン三木」としての一途な情熱によるものだったのか、それともこの一件で田中さんの政治力を弱体化させ、三木政権の長期化を図ろうという戦略によるものだったのかはわからないが、結果的に田中さんがこれによって復権への道を完全に断ち切られたことは間違いない。ここでも三木さんは政権維持の執念を実らせることに成功した。

ところが、この成功は逆に党内の反三木感情を掻き立てる結果を招く。田中、大平陣営が、今度はそれまで仇敵だったはずの福田さんをかついで三木降ろしの運動に転じた。半年近い政争のすえ、任期満了の総選挙で三木さんは敗北の責任を取って退陣、代わって福田さんが大平さんの支援を受けて政権の座に就くことになった。

三木さんは辞任にあたり、「党近代化」の努力の一環として総裁予備選挙の実施を福田さんに約束させた。福田さんは二年後の七八年、その総裁予備選で大平さんに敗れ、政権を失う。予備選のあと、国会議員中心の本選挙が予定されていたが、福田さんは本選挙での巻き返しを断念、「天の声にも、たまには変な声がある」という名（迷）セリフを残して、あっさりと退陣した。

福田さんと大平さんとの間では、三木降ろしの過程で、福田さんを支持する条件として「二年後には大平さんに譲る」という密約があったといわれる。福田さん自身は明確な約束はしていないというが、それに近い話はあったのだろう。しかし、政権についてみると二年間はあっという間。これといった失点もなく、周辺も続投をけしかける。現職首相の強みもあるから、総裁選に出馬すれば再選は間違いなし、という「天の声」が下ると期待していたのだろう。

一方の大平さんからすると、福田さんの総裁選再選出馬は約束違反の裏切りとなる。そこで予備選では田中派に総力をあげた支援を求め、数の力で福田再選を阻止して、念願の政権獲得に成功した。これでまた福田・三木両派が、反田中・大平の感情を募らせて接近する。大平さんが政権基盤の強化をめざして断行した七九年秋の解散・総選挙が不調に終わったことをきっかけに党内抗争が再燃し、八〇年五月、野党が提出した大平内閣不信任案に福田・三木両派が連携して賛成する造反騒ぎとなって解散、初の衆参同日選挙断行。そのさなか、大平さんが急死する事態となった。

因果はめぐる、とでもいおうか。信頼と裏切り。敵と味方。成功と失敗。野望と執念のぶつかり合いで、ある原因が一つの結果をもたらし、その結果がまた原因となって、別の結果を生む。政界はまさに因果の連鎖である。連鎖に終わりはない。

このところ、政治の改革が話題になる際、よく「○○をぶっ壊す」「○○の総決算」といった威勢のよい言葉が、はやりとなっている。改革への情熱や決意を表す意味では効果があるのだろうが、現実の政治の世界においては、すべてを一挙にぶっ壊すことも総決算も、ありえない。あるのは果てしない転変であり、そこを生き抜くのが政治家たちである。負けても屈しない。敗れてもくじけない。なみの神経ではやっていけないのが政治の世界である。

権力争いは、世間一般の倫理観からすれば、好ましいことではない。しかし、「権力衝動がなければ、政治家はその責務を果たせない」（マイネッケ『近代史における国家理性の理念』）のも事実だ。成功と失敗、勝利と挫折の繰り返しに耐え抜くことができるのも、権力への執念があればこそだろう。権力欲は政治活動の原動力でもあるのだ。

それに、争いがあることによって政治に緊張感が生まれる。権力に浮かれたり、政策の間違いやスキャンダルなどがあれば国民から批判を浴び、政敵がそこに付け込んで襲いかかってくる。そんな隙を作らないよう、権力を握る指導的立場の政治家ほど、自己抑制が必要となる。国を背負っている緊張感と国民に対する責任感。世の中一般の、欲と欲の醜い争いと政治の世界の権力闘争の違いは、そこにある。

その肝心の緊張感が薄れているように思えてならないのが、近年の政治の動きである。

第2章

責任をとらない政治

尖閣諸島沖での中国漁船の衝突映像

尖閣諸島中国漁船衝突事件

これまでみてきたように、政治の世界のウソや裏切りのすさまじさには圧倒されるほどだが、それでも、騙す方も騙される側も、その行為の結果と責任を敢然と引き受けるだけの覚悟と決意を持った政治家たちの、真剣勝負としての緊張感が感じられた。それが近年、特に二〇〇〇年代に入ってからは、政治指導者たちの振る舞いに、どうも自己保身にしかみえない見苦しさが、目についてならない。どうしたことだろう。

たとえば二〇一〇年秋、尖閣諸島周辺海域で起きた、中国漁船の海上保安庁の巡視船に対する体当たり事件での対応ぶりだ。

当時私は東京本社の社長・編集主幹という職にあり、日々の紙面製作に責任を負う立場にあったので、日中関係を揺るがしかねないこの事件の展開にはかなり神経を使いながら、報道にあたっていたことが記憶に残る。本書を執筆するにあたって、当時の民主党政権で官房長官として中心的役割を果たした仙谷由人さんと交わした言葉を思い出し、もう一度話を聞かせてもらおうと考えていた。その矢先に仙谷さんが急逝され、機会を永遠に失ってしまったことが残念でならない。

事件が起きたのは二〇一〇年九月七日午前。中国のトロール漁船が尖閣諸島・久場島《くばしま》付近の領海内で違法操業しているのを、哨戒中の石垣海上保安部の巡視船二隻が発見、停船を命じた。ところが漁船は再三の命令を無視し、巡視船「よなくに」に接触して逃走、さらに突然、方向を変えて巡視船「みずき」の右舷に体当たりしてきた。みずき側に幸いけが人はなかったが、船体の右舷中央付近に大きなへこみや傷ができた。漁船はさらに逃走を続けたが、午後になって日本の排他的経済水域(EEZ)内で停船、みずきが漁船を石垣港まで移送して、那覇の海上保安部が船長を取り調べたうえ八日未明、公務執行妨害容疑で逮捕した。

ここまでの日本政府の措置に、問題はないと思う。日本の領海を侵犯したあげく、停船命令を無視したばかりか巡視船に体当たりして損害を与えるなどという行為は、まぎれもない悪質な犯罪である。中国漁船が巡視船に向かって衝突してくる場面のビデオ映像も存在する。これを確認したうえ、外務、法務、水産など関係各省庁が協議して、「法に基づき厳正に対処する」方針を固め、船長逮捕に踏み切ったことは当然といえる。手続きにも誤りはない。船長以外の乗組員一四人は釈放し、中国政府のチャーター機で帰国しており、対応が過剰だったということもない。

ところが中国政府は、尖閣諸島は中国の領土だという主張に立って、日本の行動を「違法行為」と非難し、逮捕された船長の即時無条件釈放を要求してきた。船長が容疑を認めて謝罪すれば、略式起訴による軽い処分として早期釈放する道もありえたかもしれない。しかし船長は、逮捕直後に中国政府関係者と面会したあと、かたくなに容疑を否認し続けた。このため取り調べは一向に進まず、逮捕から一〇日目の九月十九日、石垣簡裁は船長の拘置延長を認めた。

エスカレーション

これをきっかけに、中国政府の対日攻撃が激化する。事件は「中国漁船が日本の巡視船に不法に取り囲まれ、衝突されて損害を受けた」もので「責任は日本にある」という公式見解を発表、船長の即時無条件釈放の要求をエスカレートさせた。言葉による非難だけでなく、「強烈な報復措置」として、上海万博への日本人大学生一〇〇〇人の招待取り消し、日中閣僚級交流の停止などの措置を矢継ぎ早に打ち出した。

対日批判発言も、それまでの中国外務省レベルから、最高首脳レベルに格上げされる。九月二十一日には、ニューヨークを訪れた温家宝首相が在米中国人らの集会で、「日本が中国人の怒りを巻き起こした」と強硬な発言をし、これを待っていたかのように、二十三日には、河北省で日本人四人を「中国で違法活動をした」という理由で拘束したことが明らかになった。四人は、日中関係改善の努力の一環として、日本政府が費用を負担して、旧日本軍が中国に遺棄した化学兵器を処理する作業に携わっていたものだった。中国側は続いて、ハイブリッド車などの部品として不可欠なレアアース（希土類）の対日輸出を禁止する措置までとった。

中国側の対日攻勢が強まりだしたころ、私はたまたま、当時官房長官として事件処理の中心にいた仙谷さんと話をする機会があったので、かねて考えていた意見を述べてみた。

「漁船体当たりのビデオ映像を公開したらどうなんですか」

中国側の対日非難は、その根拠としている事実認識に誤りがあるとしか思えない。中国漁船が意図的に日本の巡視船に体当たりしてきたことは、事実関係として明白である。にもかかわらず中国側が一方的に強硬姿勢を強めてくるのは、誤った情報に基づいているのではないか。あるいはそうではなく、正確な事実を知ったうえで何らかの政治目的であえて強硬な対日攻撃をしているとも考えられるが、どちらにしても、日本の巡視船が衝突の前後の模様を撮影したＶＴＲがあるというのだから、それを公開すれば一目瞭然、衝突が中国漁船の意図的行為であることがはっきりするはずではないか。

言葉の応酬だけでは、当事者である日中両国以外の、アメリカはじめ他の各国には水掛け論としか聞こえない恐れもある。早くもアメリカは、日中関係の険悪化が東アジア情勢を緊迫化させかねないことを心配して、事実関係を照会してきたともいわれる。ＶＴＲを公開して事実を明らかにすることは、日米関係にとっても重要だと思う。それればかりか、武力や威嚇などの手段ではなく、外交努力によってしか紛争解決の手段を持たない日本としては、国際世論に訴えて支持を広げることこそ、問題解決のカギではないか。それには世界に向かって事実を正確に、堂々と伝えることが一番大事だろう。

そうした私の思いを伝えたら、仙谷さんは「私もそう思います」と答えた。それで私は、間もなくビデオ映像が公表されるものと期待したのだったが、翌日も次の日も公開の動きがない。どうしたことかと首をひねっていたら、政府は逆に公開しないことを決めたという。理由は「VTRは重要な物証。捜査は密行主義であり、捜査中に証拠となる資料を公開することはできない」ということだった。

なぜ公開を取りやめたのだろう。仙谷さんが公開する意向を示したのに、正反対の結果となった裏には何があったのか。先に私が、仙谷さんが健在なら直接聞いてみたいことがあったといったのは、そのことだった。

当時は日中間のパイプは細く、中国側の真意が読み取れない状態だった。日本政府としては、ビデオを公開したりすれば中国側をいっそう刺激するのではないかと、心配したのかもしれない。しかし事態はむしろ、混乱を深める方向に動く。ビデオ不公開の方針は、かえって中国側の強硬姿勢を勢いづけ、事態の複雑化、混乱の拡大をもたらす重要な要因として作用したように、私には思われる。以下、そうした観点からもう少し、このあとの展開をみてみよう。

釈放

前述のように中国側の対日報復措置がエスカレートしてくると、日本政府内の動揺が深まる。とくに河北省での日本人四人の拘束は、人命にも関わる恐れのある事態でもあるため、日本側のショックは大きかった。それまで「毅然と対処する」と言い続けてきた政府だったが、このころから、菅直人首相が「なんとかしろ」「超法規的措置はとれないのか」と、船長の釈放を促すような発言やいらだちを周辺にぶつけ、政府首脳らが右往左往する様子が、新聞各紙に報じられた。

こうした中で九月二十四日、那覇地検は突然、中国人船長を処分保留のまま釈放すると発表した。十九日に一〇日間の拘置延長を決めたばかりで、まだ五日間も残しての異例の措置である。地検の鈴木亨・次席検事は、漁船が「故意に衝突させたことは明白」で「巡視船の乗員が海に投げ出される恐れのある危険な行為だった」と強調する一方で、巡視船の損害は少なく、船長の行動には計画性がない、などと述べたうえ、こう続けた。

「加えて、わが国国民への影響や今後の日中関係を考慮すると、身柄拘束を継続して捜査を続けることは相当でないと判断しました」

捜査機関である検察当局が「国民への影響」や「日中関係の考慮」といった政治的判断をして被疑者を釈放するというのはおかしい、政府が指揮権を発動したのではないか、という批判や疑問の声があがったが、仙谷官房長官は「検察が捜査を遂げた結果、処分保留という判断で身柄を釈放するという報告を受けたので、それはそれとして了とした」と述べ、あくまで「検察の判断」であると言い張り続けた。

仙谷長官はじめ政府の説明は、政府部内のこの前後の動きから見て、明らかに事実に反する。船長釈放の前日には、日本政府当局者が米国務省側に「まもなく解決しますから」と、釈放を前提とした事前通報を行っていたことも報じられている。なぜ政府は「あくまで検察の判断だ」などと、見え透いたウソをついたのだろうか。

政治と司法

政治の思惑で法の執行を歪めてはならないというのが、近代国家の鉄則である。戦後の憲法で民主主義が確立される以前の、明治憲法下の時代でも、この原則は守られていた。大津事件という有名な事件がある。

明治二十四年（一八九一年）、訪日中のロシア皇太子（のちの皇帝ニコライ二世）が、滋賀県大津で警備の巡査・津田三蔵にサーベルで斬りつけられた。日本政府はロシアの怒りを恐れ、皇室罪を適用して津田を死刑にするよう裁判所に圧力をかけたが、大審院（いまの最高裁）の児島惟謙院長は「法をまげたら国家の威信は失墜する」として謀殺未遂罪の適用にとどめ、被告に無期懲役を言い渡した。司法が政治に対して独立を守った象徴的事件として、いまも語り継がれている。

逆に現行憲法下で、政治が司法に介入した悪しき前例とされているのが、一九五四年の造船疑獄事件における「指揮権発動」問題だ。東京地検特捜部は当時、佐藤栄作・自由党幹事長を収賄容疑で逮捕する方針を固めたが、検事総長が犬養健法相に承諾を求めたところ、「重要法案の国会審議の見通しがつくまで延期せよ」と拒否され、結果的に捜査は終結となった。

検察庁法一四条では、法相が事件の取り調べや処分について「検事総長のみ」に限って「指揮することができる」と定めている。その限りでは犬養法相の行為は法令違反とはいえないし、また検察権は行政権であって司法権ではないとされているから、直接的な司法権の侵害とはいえない。しかし、検察が政治の圧力で起訴を見送ったりすると、裁判所は本来裁くべき不正や犯罪を裁くことができなくなるわけで、結果として司法権が侵されることになる。こうした事情から、造船疑獄事件の指揮権発動は、政治による司法への不当介入として厳しい批判を受け、犬養法相は責任をとって辞任に追い込まれてしまったのだった。

これ以後、政治の世界では、指揮権の発動はもちろん、指揮権発動ではないかと疑われるような言動はタブーとなり、また政治家がらみの事件ではいつも、指揮権発動による捜査妨害があるかどうかが焦点の一つとなるようになった。

大津事件では、政府が政治的動機から実態以上に重い刑罰を被告に科そうとしたのに対し、中国漁船の事件では、政府が政治的思惑から訴追すべき被疑者を無条件で釈放させたもので、内容的には逆の方向だが、法の適用を歪める目的で政治的圧力を行使したという点では同じ、司法への不当介入といえる。また、造船疑獄と中国漁船事件は、被疑者を法の適用から逃れさせるために政治的圧力をかけたという点では同じ方向の司法への不当介入であり、それ自体、強く非難されるべき行為だが、それだけではなく、前者は指揮権発動という法律に基づく行為だったのに対し、後者は、そうした法的手続きもないまま圧力を行使し、そのうえ、「検察の判断」という形で責任を検察に押し付けたという点で、二重に悪質というほかない。

とくに、造船疑獄では指揮権を発動した犬養法相が責任をとって辞任したのに、中国漁船事件の場合はだれも責任をとるものがいなかったことは、重大な問題といわなければならない。民主党政権は「政治主導」をスローガンに掲げ、官僚を政策決定の場から排除する方針まで打ち出していながら、いざ厄介な問題を抱えると、とたんに責任を官僚に丸投げしてしまったわけで、言行不一致もはなはだしい。

そう思って私は当時、民主党政権の節操のなさにあきれたものだった。まさかその後、政治の立て直しを期待されて復活した自民党政権のもとで、国会での虚偽答弁や公文書の改ざんといった前代未聞の不祥事が起き、しかもそれについて政治の側ではだれもが責任をとるものがないという光景を目にするとは、想像もしていなかった。責任をとるべき政治が逃げ回り、問題の処理を官僚に押し付けるという情けないパターンは、どうやら、どの政党が政権を担うかにかかわらず、近年の政治に共通してみられる劣化傾向を示しているようで、暗然たる思いにさせられる。

ビデオ映像の公開と流出をめぐる混乱と政治の劣化

その問題に立ち入る前に、船長釈放後の事件の推移を、もう少し辿っておこう。船長を釈放すれば一件落着と日本政府は期待したのだろうが、案に相違して、事態は逆の展開をみせる。中国政府は船長の中国帰国と同時に外務省声明で日本への「強烈な抗議」を表明、日本に対して「謝罪と賠償」の要求を突き付けた。日本の譲歩が、かえって中国側の主張に正当性を与え、対日圧力戦術の有効性を証明したような結果になってしまった形だ。

日本政府は打つ手もみつからず焦りを深める一方だったが、九月三十日になって突然、中国側が、河北省で拘束していた日本人のうち三人を釈放すると伝えてきた。続いて十月九日には残る一人も釈放され、事態は急速に鎮静化へ向かう。中国政府の意図は不明だったが、中国側の強硬姿勢に対して国際社会で疑問視する声が強まってきたことや、このあたりから中国各地で反日デモが拡大し、中国政府部内でも日中関係悪化への懸念が高まってきたなどの事情が指摘されている。

漁船体当たりのビデオはどうなったか。船長釈放をめぐる混乱が拡大するにつれ、国会ではビデオ映像の公開を求める動きが強まり、政府は十一月一日、国会内で、衆参両院の予算委員会理事三〇人に限定した秘密会で、公開する措置をとった。映像を見た議員たちからは、「中国漁船が意図的にぶつかってきていることが手に取るようにわかった」などの感想が聞かれ、一般に公開すべきだという要求が一段と強まった。

これに対して政府は、あくまで「日本政府の対応能力など、手の内があきらかになるのはまずい」などの理由を挙げて一般公開を拒み続け、ビデオを公開するかどうかが国会論戦の大きな争点になったが、十一月五日、突如、思いがけない幕切れを迎える。漁船衝突の場面を海保が記録したとみられる映像が、なんとインターネットの動画サイト「ユーチューブ」に流出したのだ。サイレンが鳴り響き、「おーい、止まれ」などと日本語で叫ぶ声が聞こえ、漁船がぶつかってくる様子が、四四分余にわたって克明に記録されていた。

「重大な国家機密の漏洩だ」と、政府は真っ蒼になり、中国政府からは「関心の表明と憂慮の意」が外交ルートで伝えられるなど、外交問題が再燃する様相ともなった。海上保安庁、警視庁、東京地検の三つの捜査機関が捜査の結果、ビデオは神戸市内の漫画喫茶から送信されたことがわかり、やがて神戸海上保安部所属巡視船の航海士の「犯行」であることが判明した。「真実を多くの人に知ってもらいたかった」というのが動機だった。映像を秘密扱いして、挙句の果てに船長釈放に追い込まれた政府に対する不満が、この職員を内部資料流出に駆り立てたのだろう。

政府や捜査当局の一部には、この航海士を逮捕して厳しい刑事処分をすべきだという意見もあったが、結局、逮捕は見送りになった。明白な違法行為をした中国人船長を釈放しながら、その記録を公開した海保職員を逮捕して刑事処分するのはバランスがとれないという判断からだが、それだけではない。問題のビデオ映像は、なんのことはない、事件発生後まもなく海上保安大学校に送られ、共有フォルダーで「実務資料」として各海上保安部で自由に活用できるようになっていたのだ。

「普通に公開すればよかったものを、これだけの大事件にしてしまったこと自体が問題だ」という声が政府・与党からもあがったように、映像をひた隠しにしてきた政府の措置そのものにこそ問題があったといわなければならない。

最近になって改めて当時の民主党政権関係者に話を聞いてみたところ、ＶＴＲを公開しようという方針はたしかに検討されたが、協議の結果、取りやめになったという。

「ＶＴＲの一部に、中国人船長を取り押さえる際のもみ合うような場面があり、うっかり公開すると中国がその部分だけ切り取って、対日非難の口実に逆用する恐れがあると、政府内で慎重論が出たためですよ」

仮に中国がそういう行動をとったとしても、意図的な衝突の過程全体を公開すれば中国側の作為はすぐ見抜かれるだろうし、各海保に回覧させた「実務資料」を公開する限りは何の問題もなかったように、私には思える。

数年後にベトナム近海で似たような中国船の衝突事件があった際、ベトナムがいち早くその映像を世界に公開し、中国側といったんは激しい非難の応酬になったものの、やがて収束した事例もある。

船長釈放にみられた官僚への責任転嫁。だらしない政治への不満を募らせた公務員が内部資料を公開して一矢を報いるという行動。いずれも民主党政権下の政治の変調ぶりを物語る現象だったが、こののち、自民党が政権に復帰したあとの二〇一七年から一八年にかけて、相次いで起きた防衛省の日報問題やモリ・カケ問題でも似たようなパターンが繰り返され、再び驚かされることになったのは、残念というほかない。

中国漁船事件の場合、中国の主張の理不尽さは別として、日本側の混乱の最大の要因は、民主党政権の未熟さにあったと思う。中国のような強大で価値観の異なる国との間で問題が紛糾した場合、どのような方法をとるのが効果的なのか、それを考える知恵も情報も持ち合わせていなかった。相手国との間の人脈もなく、俗にいう「落としどころ」を探る手立てもなかった。加えて、そもそも政権を担うということの意味、その責任の重さなどを、どこまで認識していたかすら疑問に思える。

民主党はそれまで長い間、ずっと野党として、自民党政府の批判、追及に明け暮れてきた。野党としては当然だったろうが、「政権交代」を目指すとなれば、自分が政権の座についたら何をしなければならないかを考えておかねばならなかったはずだ。民主党はかねがね自民党時代の政治運営を「官僚主導」と批判し、「政治主導」への転換を訴えていたが、やったことといえば、官僚を協議の場から締め出し、政治家は議論するだけで結論は出さず、またその結果に責任を取らない、というパターンの繰り返しだった。

それに対して、自民党政権下で起きた一連の失態で目につくのは、長期にわたる政権担当の経験からくる慣れ、ゆるみである。不適切な行為があっても隠し通せる、仮に露見しても数の力で押し切れる、といったおごりすら感じさせる場面が、政治家、官僚の双方に、少なからず見られた。国民から権力の行使を付託されているという緊張感や責任感が政官ともに希薄化しているとすれば、中国漁船の体当たり事件への対応のような一過性の失敗と違って、政治体質全体の劣化という、より構造的で深刻な問題をはらんでいるといわなければならない。とくに防衛省のような、軍事的実力組織における政治のコントロール機能の喪失は、軽く見過ごすことは許されない。

防衛省の日報問題

防衛省の日報問題というのは、陸上自衛隊南スーダン派遣部隊の現地活動記録と、イラク派遣部隊の記録の、二つの日報の扱いをめぐる問題である。

二〇一六年秋、南スーダンに派遣された自衛隊のＰＫＯ（国連平和維持活動）部隊の日報について、外部のジャーナリストから防衛省に対し、情報公開請求が行われた。これに対して防衛省は「陸自内ですでに廃棄した」と回答し、国会でも同じ答弁を繰り返していた。ところが一七年二月になって、実際には現地で起きた武力衝突を「戦闘」と記した日報が陸自内で長期間保管されていたことが判明し、当時の稲田朋美防衛相や事務次官、陸上幕僚長が責任をとって辞任する事態となった。

この騒動の過程で、二〇一七年二月に野党議員が、イラク復興支援特措法にもとづくイラク派遣部隊の日報についても公開を要求し、当時の稲田防衛相は「探したが見つからなかった」と回答するやり取りがあった。それが二〇一八年四月になって、このイラク派遣部隊の日報も陸自内に保管されていたことが判明したとして、稲田氏の後任の小野寺五典防衛相が国会で陳謝するという事態となってしまった。

なぜ二度も同じ失敗を繰り返したのか。なぜ存在する日報を「存在しない」「廃棄した」などとウソをついたのか。

実は日報は、南スーダンのケースでは情報公開請求があった時点で存在することが確認されていたのに、省内で検討した結果、「個人資料で、行政文書の体をなしていない」として「不存在」とすることを決めてしまったのだという。またイラクのケースでは、稲田防衛相の指示を受けて再調査した結果、一七年三月に、陸自研究本部内のハードディスクから日報が発見されたが、調査を主導した統合幕僚幹部や内局、防衛相ら政務三役らには翌年まで、報告があがらないままとなっていた。稲田氏の指示が「イラクの日報は本当にないのか」という表現だったので、これは「ご指摘」であって明確な「指示」ではなく、「(報告すべきだという) 認識に至らなかった」ためだという。

防衛省は、私も一九七〇年代の防衛庁時代に取材を担当したことがある。背広組と呼ばれる文官からなる内局と、制服組と呼ばれる陸、海、空の三自衛隊の幕僚監部では、当然のことながら任務も組織体質も異なるので、意思疎通に手間取ることがしばしば見受けられた。それでも当時は冷戦下で、ソ連の軍事的脅威が現実感をもって受け止められ、一方で国会論議では自衛隊違憲論が支配的で厳しい質疑が行われていたため、文官、制服組を問わず、答弁一つをめぐってもピリピリした緊張感が庁内に漂っていた。

実際、私が担当していた一九七一年からの二年半の間だけでも、航空自衛隊機による雫石衝突事故で増原恵吉氏、「国連は田舎の信用組合みたいなもの」という失言で西村直己氏、辞任には至らなかったが四次防先取り問題で江崎真澄氏、天皇内奏問題で再び増原氏の、四人もの防衛庁長官が引責辞任や国会の追及で目まぐるしく交代する騒ぎがあった。また、沖縄返還前に準備のためあらかじめ物資を現地に運んだのが文民統制違反として国会で追及される「ナベ・カマ事件」も起きるなど、まさに防衛庁受難の時代だった。

それに引き換え現代は、防衛庁が防衛「省」に昇格しただけでなく、自衛隊に対する国民の好感度も圧倒的に高くなっている。『読売新聞』の世論調査（二〇一九年十一月）で自衛隊は、九年連続で「信頼できる組織や公共機関」のトップ（七八％）に挙げられ、国民の支持はほとんど定着したといってよいだろう。

冷戦が終わって平和が到来すると期待された世界は、一九九〇年代初頭の湾岸戦争、二〇〇〇年代に入ってからの国際テロ事件など、新たな脅威に直面することになった。一国の平和は世界の平和なしに成り立たない、日本も国際社会の一員として可能な範囲で平和構築に協力しなければならない、といった理解が国民の間に広がり、自衛隊の海外での活動についても、一九九二年のPKO法成立で、カンボジアへの初の派遣が実現した。その後の海外貢献もあって自衛隊への評価は次第に高まっていき、二〇一一年の東日本大震災という未曽有の大災害をきっかけに、自衛隊への「信頼」度は七五%と、一気にトップに立つことになった。その後も常にトップの評価を維持していることは、自衛隊が、国家の安全、社会の安全に欠かせない存在として認識されていることを示すものといえる。

もっとも、PKO法の成立も、また同法に基づくその後の紛争地域復興支援のための自衛隊派遣も、実現までのプロセスは、決して順調だったわけではない。野党の多くは、依然として冷戦時代と同じ自衛隊違憲論に立って、「海外派兵は憲法違反」「現地の戦闘に巻き込まれて戦争参加につながる」などの批判を繰り返した。

九〇年代からのこの時期は、自民党単独政権の崩壊、連立政権や衆参のねじれ現象など、政局が不安定な状態で、自衛隊の役割について深い議論が行われることはなく、政府側は「派遣先は停戦合意が成立した安全な地域に限る」「戦闘地域には派遣しない」と、派遣に前提条件をつけることでなんとか乗り切りを図った。「それではどこが戦闘地域でどこが非戦闘地域なのか」と迫る野党議員に、「そんなこと私に分かるわけないじゃないか。自衛隊が行くところが非戦闘地域だ」と切り返し、質問者があっけにとられて問答が終わった小泉純一郎首相の迷答弁は、この頃のものだ。

事前の調査で安全と思われていても、状況の変化でいつまた戦闘が再発するかわからないのが紛争地域である。紛争当事者でもない日本の国会の場で、戦闘区域と非戦闘区域の線引きをめぐって論戦を戦わせても、有益な解が得られるとは考えられない。危険が生じたら撤収すればよいだけのことで、そのために大事なのは、派遣は必要か不要なのか、現地部隊が状況判断を誤らないようにするには何が必要か、他国の部隊とどのような連携と協力体制が必要か、などを議論することだろう。ところが、そうした合理的な検討をせずに、冷戦時代と同じような硬直した批判と、人を食ったような答弁の対決に終始したことが、のちの日報問題の遠因になったように思う。

防衛省が日報の存在を知りながら、最初の公開請求に対して「廃棄した」と回答した理由は、日報に「戦闘」という言葉が含まれていたことにあったのだろう。派遣先が「戦闘」地域だとすると、非戦闘地域に限るとした派遣の条件に違反することになり、国会で追及を受けるだろうと、日報の原資料を読んだ職員は心配したに違いない。観念的な国会論戦が思いがけないところで不祥事を誘発したともいえる。

もちろん、だからといって防衛省の実務者たちが、存在するものを「ない」と言い張り、大臣に間違った答弁をさせた行為は、許されるものではない。資料を作成したり保存・保管したりする実務者たちは、「ない」といえばそれで押し通せるという錯覚、あるいは、国民の付託を受けて作成された公文書を扱っているのだという自覚の欠如に、陥っていたのではないか。文書の取り扱いのルーズさの裏に、公文書は自分たちの私有物だとでもみなすような、おごった意識はなかったか。

政治の側もまた、文書の扱いをはじめ日常の作業に関し、現場レベルに公務の規律をしっかりと浸透させる努力を怠っていたと思われる。政務三役とよばれる政治家や省幹部たちの指導の欠如と、上級者に対する職員たちの疎遠な感情が、資料が見つかっても「報告すべきだという認識に至らなかった」という弁明に象徴されるような、省全体としての一体感の欠如を生んでしまったのだろう。

あるものをないという。都合の悪いものは隠す、あるいは廃棄する。防衛省日報問題は、このあと続いて明るみに出た「モリ・カケ問題」で、ほとんどそっくりそのまま繰り返されることになる。いや、もっと残念な形で。

モリ・カケ問題

日報問題は、その後の公文書をめぐる不祥事に比べれば、まだ救いがあったといえるかもしれない。防衛大臣らが責任をとって辞任した。文書を隠蔽はしたが、改ざんまではしなかった。それが「モリ・カケ」問題では、これでもかこれでもかというくらい文書の改ざんや廃棄が明るみに出る。文書で証言のウソが明らかになったあとでも、「記憶にない」「答弁を差し控える」の一点張りでシラを切る。しかも、政治家は誰一人責任をとらず、官僚に責任を押し付け、自殺者まで出す痛ましい事態を招く。遺族の訴えにも耳を貸さない。しかも、それでもなお、いまだに真相を認めないまま、という異常さだ。

「モリ・カケ問題」というのは、学校法人・森友学園が小学校建設のため大阪府豊中市の国有地を破格の安値で国から買い受けた事件と、岡山市の学校法人加計学園が愛媛県今治市に獣医学部を新設するために国の認可を受ける際、特別の便宜を図ってもらった疑い、という二つの事件であり、どちらも安倍晋三首相が政治力を行使したのではないかと、国会で追及を受けた問題である。

森友学園問題

　森友学園が、国土交通省大阪航空局が伊丹空港の騒音対策の緩衝地として管理していた八七七〇平方メートルの国有地を、異例の安値で入手したと最初に追及したのは、豊中市の市会議員だった。財務省近畿財務局は当初、売却価格の公表を拒んだが、市議が大阪地裁に売却額公開を求めて提訴した結果、売却額は一億三四〇〇万円だったことが公表された。二〇一七年二月のことである。近畿財務局が依頼して行った不動産鑑定士の評価額は九億五六〇〇万円で、八億円も値引きされていたのだ。豊中市が二〇一〇年に隣接地を公園用地として国から払い下げを受けた際の価格は一四億二三八〇万円だった。森友学園の入手価格がいかに異常な安さだったかは明らかだ。

　なんでこんなに安く売却したのか。早速国会で取り上げられた。財務省側は、地下にごみが埋蔵されていたので、その量を一万九五〇〇トン、撤去費用を八億一九〇〇万円と見積もって差し引いたものだと説明したが、いかにも不自然だ。学園のホームページに、安倍首相の昭恵夫人が、建設される小学校の名誉校長に就任する予定だと公表されていたこともあり、また実際に学園の籠池泰典理事長が、昭恵夫人の来園の際の写真などを近畿財務局との交渉の過程で示していたことなどから、「安倍首相の関与」が追及の的となった。

一七年二月十七日の衆院予算委員会でこの点を問われた首相は、色をなして反論した。

「私や妻は学校の認可や国有地の払い下げに一切関与していません。もし関与していたら、私は総理大臣も国会議員も辞めますよ」

質疑の模様をテレビの国会中継で見ていた私は、この発言を聞いて、これは大変なことになったと思った。総理大臣は、いや総理大臣ではなくどんな役職の人でも、責任ある立場にいる者は、本当に辞める場合以外には、またその瞬間までは、決してうかつに自分の進退を口に出してはいけない。いったん口に出したら、本当は辞めるべきでない場合でも辞めざるをえない局面に追い込まれ、混乱を広げることになる。まして、辞める気などないのにハッタリや時の勢いでタンカを切ったりすると、無用の混乱を自ら招くことになる。かつて先人から聞かされたそんな言葉を思い出したからだ。

案の定、安倍さんのこの発言によって、議論の焦点は「首相の関与」の有無、その一点に絞られることになってしまった。破格の安値売却の裏には、首相の関与以外に何か別の事情が関わっていたかもしれないし、もっと詰めるべき点がいくつもあったと思われるが、売却と首相の関わりさえ証明できれば首相を退陣に追い込むことができる状況になってしまった以上、野党が一斉に「首相の関与」の追及に絞った攻撃に転じたのは当然だった。

首相の関与問題の論議には、ちょっとおかしいなと感じさせる点がいくつかあった。例えば、籠池理事長が、昭恵夫人から籠池氏の小学校建設計画支援のため一〇〇万円の寄贈があったと証言し、これを「安倍首相の関与」の証拠だと説明したことだ。安倍さんや昭恵さんは資金提供を否定していて真偽は不明だが、仮に本当だとすると、どういうことになるのか。ふつう政界では、政治家が人から頼まれて行政サイドに不正な圧力をかける場合、頼んだ側が政治家に金品を贈るケースが多い。贈収賄とは、頼む側が贈るのであって、頼まれる側が依頼人にカネを贈るというのは話が逆だ。

安倍夫人が籠池氏ら学園側と知り合いだったことは事実だろう。学園を訪れて籠池氏らと一緒にとった写真もあるし、安倍さん自身は籠池氏と直接会ったことはないとしながらも、「妻から籠池さんの教育に対する熱意は素晴らしいと聞いていた」と語っている。問題は、その知人関係をもとに、安倍さん側が籠池氏の小学校建設のために不当な政治的影響力を行使したかどうかなのだが、籠池氏側が、土地払い下げ交渉で財務省側に圧力をかけるために、安倍さんらとの関係を利用した可能性がないとはいえない。

もちろんその場合でも、政治家という公的な立場にいる者が、私的な人間関係を民間の利害関係に利用されるようなことは、あってはならない。まして首相は、政治の世界の最高権力者である。しかもその権力は、国民全体の利益を図るために国民から委ねられているのだから、公私混同を疑われないよう、自分自身の言動はもちろん、身辺の人脈に対しても常に警戒を怠ってはならない。

安倍さんとしては、「関与」という言葉に贈収賄的な、カネの絡んだ不正行為が念頭にあって、強い言葉で関与を否定したのだろうが、自分が気づかないうちに利用されてしまうという形の関わり合いの問題については、思い及ばなかったのかもしれない。その点では、脇の甘さを責められるのも仕方なかろう。

そのことによって、八億円もの値引きがなぜ起きたのかという事実関係の究明よりも、籠池夫妻と安倍夫妻の関わりの有無の追及の方に焦点が絞られ、またそれが政局の波乱要因として注目を集めることになった。こうした状況を背景に、安倍夫人と籠池夫妻との親密な関係や、学園と近畿財務局など関係機関との交渉の記録といった、存在するに違いない文書や資料の存在まで否定したり廃棄、改ざんしたりする異常な騒ぎになって、国民の政治不信を高める結果になってしまったことは実に残念というほかない。

財務省・佐川宣寿理財局長の国会答弁にみる「ウソの罠」

それにしても、よくもまあ次から次へとウソが出てくるものだと、怒りより先にあぜんとして言葉が出なくなってしまうほどだ。もっとも、それがウソというものの宿命かもしれない。一つウソをつくと、それと辻褄の合わない点をごまかすためにもう一つ、新たなウソをつかなければならなくなる。それがまた別の矛盾を生じて、さらに新たなウソが必要となる。こうして一つのウソが螺旋上に拡大し、やがて自分のウソで自縄自縛に陥って、最後はついには破綻に追い込まれてしまう。

森友学園問題に関する財務省・佐川宣寿理財局長の、国会答弁におけるウソのオンパレードをみていると、その「ウソの罠」に自らはまり込んでゆくさまが、絵に描いたように見て取れる。

ウソのスパイラルのスタートは、二〇一七年二月二十四日、衆院予算委員会の答弁だった。森友学園への国有地払い下げで大幅値引きが行われた交渉経過を野党議員から質問された佐川氏は、こう述べた。

「一六年六月の売買契約締結で事案は終了したので、記録は残ってございません」

財務省の行政文書管理規則によると、面会などの記録の保存期間は一年未満とされていて、事案が終了すると同時に廃棄することになっている。だから売買契約に先立つ交渉記録は一六年二月の契約締結時点ですでに廃棄してしまった、という説明である。

財務省の規則でそうなっているからその通りにした、といわれると、そういうものかと思えてくるような、役人一流の論理である。しかし、調べてみると、売買契約締結といっても実際の支払いは一〇年間の分割払いを認める内容で、まだ完済はされていない。

この点について国会で見解を問われた会計検査院側は、「支払いが完了していない場合は、事案が完全に終了したと認めるのはなかなかむずかしい」といい、事案終了という佐川答弁に疑問を投げかける。すると佐川局長は、「いつどうやって払うかも含んだ契約書になっているので、事案終了で処分した」と言い張って、あくまで廃棄した、の一点張り。

しかし、野党の追及はそれでは終わらない。紙の文書はなくてもパソコンに記録が残っているのではないか。それに対する佐川氏の、四月三日の衆院決算行政監視委員会における答弁を聞こう。

「パソコン上のデータも短時間で自動的に消去され、復元できないシステムになっておりまして、パソコン上にも残ってございません」

自信たっぷりに佐川氏は答えたが、財務省情報管理室に報道陣が確認を求めたところ、財務省が二〇一三年に導入した現在のシステムには、自動的にデータを消去する仕組みはない。職員が手作業で消去してもデータはシステム上には残るという。佐川氏の自動消去説は全くのウソだった。

本当はどうだったのか。財務省が一八年六月四日に発表した「森友学園案件に係る決裁文書の改ざん等に関する調査報告書」によると、「一七年二月十七日の衆院予算委員会における内閣総理大臣の答弁以降」、財務省理財局内、および同局と近畿財務局との間で、関係文書の扱いなどについて協議が行われた。

「その際、理財局長は、応接録の取り扱いは文書管理のルールに従って適切に行われるものであるとの考えであったことから、総務課長は、政治家関係者との応接録を廃棄するよう指示されたものと受け止め」、その旨を担当者らに伝え、これを受けて「保存期間が終了した応接録について、紙媒体で保存されていたもののほか、サーバー上に電子ファイルの形で保存されていたものについても廃棄が進められた」とある。

「文書管理のルール」とは、前述の行政文書管理規則のことで、「面接などの記録の保存期間は一年未満」とする、つまり一年の保存期間がすぎたものは廃棄する、という規定のことである。役所の文章だから、どこに責任があるのかが極力わからないように工夫が凝らされていて、ここでの理財局長の発言は、ただ「記録の取り扱いはルールに従うという考え」を述べただけのような表現になっている。

佐川理財局長が述べた「考え」を、総務課長が「応接録を廃棄するよう指示されたと受け止め」て、廃棄を進めたというのが報告書の記述だが、前後の事情から読み解けば、文書は管理規則に従って廃棄したことにしろ、と佐川局長が指示したというのが実態とみてよかろう。報告書はさらに、二月二十四日の佐川局長の答弁の後、局長から「管理規則どおりに対応している旨を答弁したことを踏まえ、文書管理の徹底について念押しがあり」、総務課長は「残っている応接録があるならば適切に廃棄するよう指示されたと受け止めた」とも述べている。

佐川局長が実際に、どのような内容の文書がどれくらい存在すると知っていたかどうかは明らかでないが、「二六年六月の売買契約締結」の時点で文書を廃棄済みだったという答弁がウソであったことは、報告書から明白である。そのウソを隠すため、国会答弁と辻褄を合わせて文書を廃棄するよう、事実上指示したことも間違いない。

それだけでなく、ここからウソの連鎖が始まる。地元の市議や国会議員、市民団体などからの情報公開請求に対してはすべて「文書は不存在」と回答したばかりか、会計検査院の問い合わせに対しても、「国会審議等において存在を認めていない文書の提出に応じることは妥当でないと考え、存在しない旨の回答を続けた」と報告書は述べている。

しかし、籠池氏側からの発言や新聞報道などによって、土地払い下げをめぐる一連の交渉記録の一部が公開され、騒ぎは拡大の一途をたどる。財務省理財局と近畿財務局との協議でも、関連文書を「全く作成していない、あるいは全て廃棄済みであると整理することは無理がある」(報告書)と判断せざるをえない状況となり、「要旨のみに圧縮した応接録」を作成して公表するに至った。

圧縮といえば単に内容を要約しただけと聞こえるが、この「圧縮」作業によって、土地払い下げの値引き交渉の、途中経過を近畿財務局などに「照会」した政治家数人や昭恵夫人の名前を削除するなどの改ざんが始まった。さらに、国会審議の状況などから、交渉の経過や決定に至る「各種決裁文書」についても、公表を求められたり質問の材料にされる可能性が出てきたのを受けて、理財局長は「このままでは外に出せないと反応し……配下の職員の間では、記載を直すことになるとの認識が改めて共有され」ることになった。改ざんにあたっては、「理財局長からは……積み重ねてきた国会答弁を踏まえた内容とするよう念押し」があり、佐川局長の虚偽答弁に沿う形に文書の改ざんが進められることになったと、報告書は述べている。

こうして、佐川氏の答弁から始まったウソの連鎖は、決裁文書一四件、約三〇〇カ所にのぼる改ざん、そして財務省と近畿財務局の幹部・職員ら計二〇人の懲戒処分という、財務省始まって以来の大不祥事をもたらす結果となった。このうち、改ざんを主導した佐川氏は最終的に停職三カ月と、最も重い処分を受けたが、虚偽答弁当初の数カ月間は、首相官邸内でも「佐川局長の答弁はしっかりしている」と好評で、一七年七月には国税庁長官に栄転、麻生太郎副総理・財相はこの人事を「適材適所」と自賛し、野党などの批判を突っぱねていた。

文書の存在、改ざんの事実などが次々と明らかになり、佐川氏は一八年三月には衆院予算委員会に証人として喚問される事態となって、さすがに直前に長官を辞任、喚問当日は「無職」

の立場で答弁に立った。それでも質問に対しては、「刑事訴追の恐れ」があるという理由で五〇回も答弁を拒否し続け、最後まで隠蔽や廃棄、改ざんについて沈黙を貫いた。背任や虚偽有印文書作成などの容疑の告発を受けた大阪地検の捜査も、「嫌疑不十分」などの理由で、関係する三八人全員が不起訴となり、国民には不信感だけを残す結末となった。

佐川氏が文書の廃棄や改ざんを主導したことは財務省の報告書からも明らかだが、それでは佐川氏がなぜ、このような大事件に発展するウソの答弁を続けたのか、などの疑問点は解明されないままとなっている。最初の答弁が仮に事実認識の誤りによる間違いだったとすれば、途中でいくらでも訂正することができたはずなのに、と記者会見で問われた麻生財相の答えは、「それがわかりゃあ苦労せん。空気というやつかもしれんな」。

だれがどのような判断で決定を下したのか、突き詰めてゆけばゆくほど責任の所在がぼやけてくる現象を、戦前の政治過程を分析した政治学者の丸山真男は「無責任の体系」という言葉で呼んだ。森友学園をめぐる文書の廃棄・改ざん事件もそれに似て、麻生さんが言うように、だれも明示的に決断、指示したわけではなく、財務省という「組織の空気」で動いた結果だったといえるのかもしれない。「忖度」という言葉がこの事件で盛んに話題になったのも、そうした事態を表している。

ウソに対する政治責任

しかし、評論家ならともかく、麻生さんはその財務省の最高責任者である。財務省の所管に関する案件で国会が紛糾し、国民全体の関心を呼んでいる問題について、一度も省内で報告を受けず、何の指示もしていないとしたら、それこそ職務怠慢であろう。また、もし省内の隠蔽工作を知りながら放置、容認していたなら、責任はさらに重大だ。そうした立場の担当大臣が「空気というやつかもしれんな」などと、他人事のように評していることこそ、まさに「無責任の体系」を象徴しているのではないか。この事件で特徴的なのは、まさにその点にある。文書に携わった財務省事務当局の関係者の処分は行われたが、「官」を指導すべき「政」の側、すなわち政治家の責任が全く果たされていないことを、軽く考えてはならない。

もう一つ特徴的なことは、公文書に対する関係者たちの考え方の、二つの間違いだ。公文書とは、公共の政策を遂行する役割を担った行政機関の、事務処理に関する記録であって、だからこそ「公文書」と呼ばれる。文書を作成するのは担当者である官僚だが、彼らや、その属する組織の「私物」ではない。ところが森友学園事件では、隠蔽、廃棄、改ざんなどの行為が、あたかも自分たちのつごうで勝手に処理できる事柄のように取り扱われていた。公文書の私物化が間違いの第一だ。

第二の間違いは、私物化と裏腹の関係の、文書は自分たちだけが独占しているという思い込みである。文書の存在やその内容を知っているのは自分たちだけだから、「文書はない」といえば、そのウソが見破られることはない、とタカをくくっていたのだろう。そのおごりが墓穴を掘った。文書は、財務省理財局と近畿財務局だけでなく、国有地の管理にあたっていた国土交通省にも同じ文書が存在していたし、また告発を受理して捜査に入った大阪地検特捜部に押収されてもいた。紙媒体の文書だけでなく、作成に使われたパソコン、および職員たちの共有フォルダーにも、保存されていた。

文書の存在だけでなく、それらの文書には、携わった多くの職員、すなわち「人間」がいた。人間には感情や意志がある。理不尽な命令に不満や反発が出ても不思議はないし、あって当然である。佐川局長をはじめ幹部官僚たち、あるいは政治家たちが、見落としていた重大なポイントがそこにある。

佐川局長らが否定したり答弁を拒否するたびに、それを覆すような新たな情報が新聞などで報じられ、ウソが次々に破綻していったことが、この事件の隠れた特徴でもあった。中国漁船体当たり事件のビデオ映像の流出ほど明確な行為ではなくても、どこかの部署の関係者から情報のリークがあった可能性は高いとみてよかろう。先に何度か引用した財務省の調査報告書も、財務省が進んで作成したわけではなく、相次ぐ報道などで答弁の矛盾などが国会で激しく追及され、やむなく作成・公表に追い込まれたものだった。

その報告書には、次のような部分がある。一七年三月の時点で近畿財務局の職員の間に「改ざんを行うことへの強い抵抗感があった」こと、「本省理財局からの度重なる指示に強く反発」する動きがあったことなどから、本省と近畿財務局が協議した結果、「近畿財務局においては、統括国有財産管理官の配下職員はこれ以上作業に関与させないこと」にしたと、内部で激しい批判が噴出していた事実を認める記述である。財務局の職員一人が自殺したのは、こうした状況の中だった。

政治は意思決定の責任を負い、官僚組織は政治の命令を忠実に執行する、というのが近代国家の基本原則だ。官庁内の規律が緩んだり乱れたりすることは許されない。しかしそれも、政治の側の命令が正当なものであって初めて成り立つ話だ。不正、不適切な行為を無理強いするようになったら、公務の規律は成り立たない。だから政治の責任は重いのだ。官庁内の不祥事を、関係職員らの処分だけですませて政治の側がそ知らぬ顔をしているようでは、国家運営の根幹が揺らぐ。

首相はその案件に関与していない、関与を示すような文書は存在しない、という強気の答弁が、関係部署からのリークと思われる情報によって次々と覆され、それでも当事者たちは事実を認めたがらず責任もとらないというパターンが、驚くことに森友学園問題とほぼ同じころから、やはり二年近くにわたって展開された。岡山県にある加計学園の、獣医学部新設問題である。

加計学園問題

加計学園が愛媛県今治市に獣医学部を新設したいという申請を出したのは二〇〇七年のことで、獣医学部新設の是非が規制撤廃などの構造改革問題と絡んで、長い間、関係省庁間の協議が難航していた案件だった。そうした中で二〇一七年五月十七日、一部新聞に、内閣府が文部科学省に対して、新学部設置は「総理のご意向」だとして対応を急がせていると報道された。加計学園の加計孝太郎理事長は安倍首相と学生時代からの友人であったため、早速、国会で「安倍首相の関与」が取りざたされることになった。

この案件でも安倍首相は、森友学園問題の時と同様の強い口調で関与を否定、菅義偉官房長官は、報道された文書は「怪文書ではないか」と疑問を呈し、松野博一文科相は「該当する文書の存在は確認できなかった」と発表するなど、全面否定の姿勢をとった。ところが、文科省の前事務次官・前川喜平氏が五月二十五日に記者会見を開き、文書が文科省で作成されたものに間違いないと断言したことから、国会は再び騒然となった。

前川氏はこの年一月、文科省OBらの天下り問題の責任をとる形で次官を辞任していた。それ以前に、新宿のバー通いを首相官邸から注意されていたという事情もあったため、問題の新聞報道と前川氏の関係が取りざたされたりして、泥仕合の様相ともなった。問題は文書の内容が真実かどうかなのだが、その点をめぐって混乱がさらに広がる。

新聞が報道した文書は、のちに明らかになる文書の原本と比べて微妙な相違点があり、菅長官が最初、「怪文書」と呼んだのはそのためだったといわれる。恐らく、情報提供者が出所を隠すため、原本の一部を意図的に修正したのではないかという見方が有力だ。それというのも、内容の大部分は原本と同じで、「総理のご意向」「官邸の最高レベルが言っている」などの表現が書かれてあった。これを受けて文科省は六月十五日、「再調査の結果」として、文書の存在を認め、その内容を公表した。

文書は、内閣府の担当者から文科省に対し、首相から獣医学部の新設を促すような意向が伝えられた、という趣旨だったが、今度は内閣府が、その文科省の調査結果を全面的に否定する。内閣府の調査では、首相官邸の幹部も内閣府の審議官も、文科省の調査に出てくるような発言はしていない、という主張だ。すると松野文科相は、調査結果の内容は「職員が複数の関係者の発言をまとめて個人の備忘録として作成したもの」であって、「正確性を著しく欠くメモ」が外部に流出して報道されるに至った、として陳謝する騒ぎになった。

何がなんだかわからない状態で年を越したが、一八年四月に入って今度は、愛媛県の中村時広知事が記者会見で、加計学園の獣医学部新設問題について県の職員が首相秘書官と面会した際のやり取りを記録した文書があると明らかにした。知事によると、県職員は二〇一五年四月二日、今治市職員らとともに首相官邸を訪れ、当時首相秘書官だった柳瀬唯夫氏（のち経済産業省審議官を経て退職）に面会した。

その際、柳瀬氏は「本件は首相案件」と述べたといい、地元自治体が熱意をもって取り組むよう助言した、などの発言内容が書かれているという。柳瀬氏は知事側の説明を即座に真っ向から否定し、事態は内閣府 vs 文科省の対立に加えて、新たに首相官邸 vs 愛媛県の対立に発展することになった。

これまた水掛け論になるのかとみられたが、数日後、政府部内から、斎藤健農相が記者会見で、愛媛県文書と同じものが農水省内にあったと発表するなど、新たな動きが出てきた。文書は、県から農水省に対し、柳瀬氏との面会の模様を報告するため送付されたもののようで、獣医師法を担当する部署の職員が前任者から引き継いで保管していたという。

こうなっては柳瀬氏も全面否定を続けるわけにはいかなくなり、五月十日の衆・参予算委員会で「加計学園関係者とは三回ほどあった記憶がある」と認めた。面会相手を学園関係者に限定したのは、前年、県や今治市の職員に会ったかどうかは記憶にないとして面会を否定したこととの、辻褄を合わせるためだったとみられる。

話はこれで終わらない。愛媛県側はさらに、参院予算委員会の要請に基づいて、新たな内部文書を提出した。そこには、加計学園の加計孝太郎理事長が一五年二月二十五日、安倍首相と会って、獣医学部新設の計画を説明した旨が書かれていた。面会時間は一五分間と、具体的だ。文書によると、この面会で首相は、「そういう獣医大学の考えはいいね」と語ったとも記述されていた。

県側によるとこの文書は、一五年三月三日に県が学園側と打合せをした際、学園側の担当者が加計理事長から聞いた内容を県の担当者に伝え、それをそのまま記録したものだという。柳瀬氏との面会に関する文書が本物だったことを考えれば、この新文書の内容も本物と考えるのが自然だろう。

ところが今度は加計理事長が否定する。なんと「県に対する学園側の説明はウソだった」というのだ。加計氏は記者会見で、首相とは「会った記録も記憶もない」と言い張り、文書の内容は学園の担当者が誤って加計氏の名前を使ったものだという説明だ。官邸 vs 愛媛県の対立から、さらに愛媛県vs学園の対立、また学園内部の食い違いへと、混乱はとめどもなく広がっていった。

加計氏はその後も同じ主張を繰り返し、結局、何一つ解明されないまま、新学部の新設が認められて開学に至った。獣医学部の新設それ自体に問題があったわけではないのだろうが、「首相の関与」の否定から始まった混乱によって、政治に対する不信感は国民の間に深く刻まれる結果となった。また、三年間にわたる国会審議の空費によって、北朝鮮の核・ミサイルや中国の軍拡など、日本の安全保障にとって死活的に重要な問題がほとんど論じられないままとなってしまった。政治指導者や幹部官僚たちの不誠実な言動が招いた国家的損失というほかない。

コロナ禍でも続く公文書の軽視

モリ、カケ問題で公文書を粗末に扱うことがどれほど弊害をもたらすかを身に沁みて感じたはずなのに、悪弊はその後も続く。というよりもっと悪質かもしれない。記録に残るような議事録は作成しない、というやりかたがコロナ禍への対応に現れたのだ。

二〇二〇年初頭から急速に広がった新型コロナウイルス感染症の対策を検討するため、政府は二月十六日、専門家一二人からなる「専門家会議」を設置した。政府への提言や一般向けの注意事項の呼びかけなどを行うのが役割だ。ところが、医薬業界専門紙がこの会議の内容について情報公開請求をしたところ、内閣官房からの回答は「議事録は不存在」。

専門家会議は「政策の決定または了解」を行う会議ではなく「懇談会」だから、自由で率直な議論を行うよう、発言者が特定されない形の「議事概要」の作成にとどめたというのが、当時官房長官だった菅氏らの説明だった。

議論の詳細が不明では対策の適否を判断できなくなるとして国会で問題となったため、会議に参加している専門家たちからも「公表して構わない」という声が出て、最終的に議事録の作成が決まったが、これがコロナ禍という全国民の死活的関心事ではなく、また外部の専門家でなく政府内の内輪の関係者だけの場だったら、「不存在」のままに終わっていたかもしれない。

そう思わせるのが「桜を見る会」前夜祭に関する安倍首相の答弁だ。「事務所は関与していない」「(ホテル側の)領収書や明細書はない」「差額は補塡していない」と否定し続けた。結局、東京地検特捜部の捜査でこれらの物的証拠が確認され、安倍氏の首相辞任後、秘書が政治資金規正法違反で略式処分を受けるに至って、安倍氏も「忸怩たる」思いで謝罪に追い込まれた。「私が知らない中で行われた」という安倍氏の弁明は本当だったのかもしれないが、世の中には安倍氏の「ウソ」だけが印象として残る結果となってしまった。

第3章

国家の基盤としての公文書

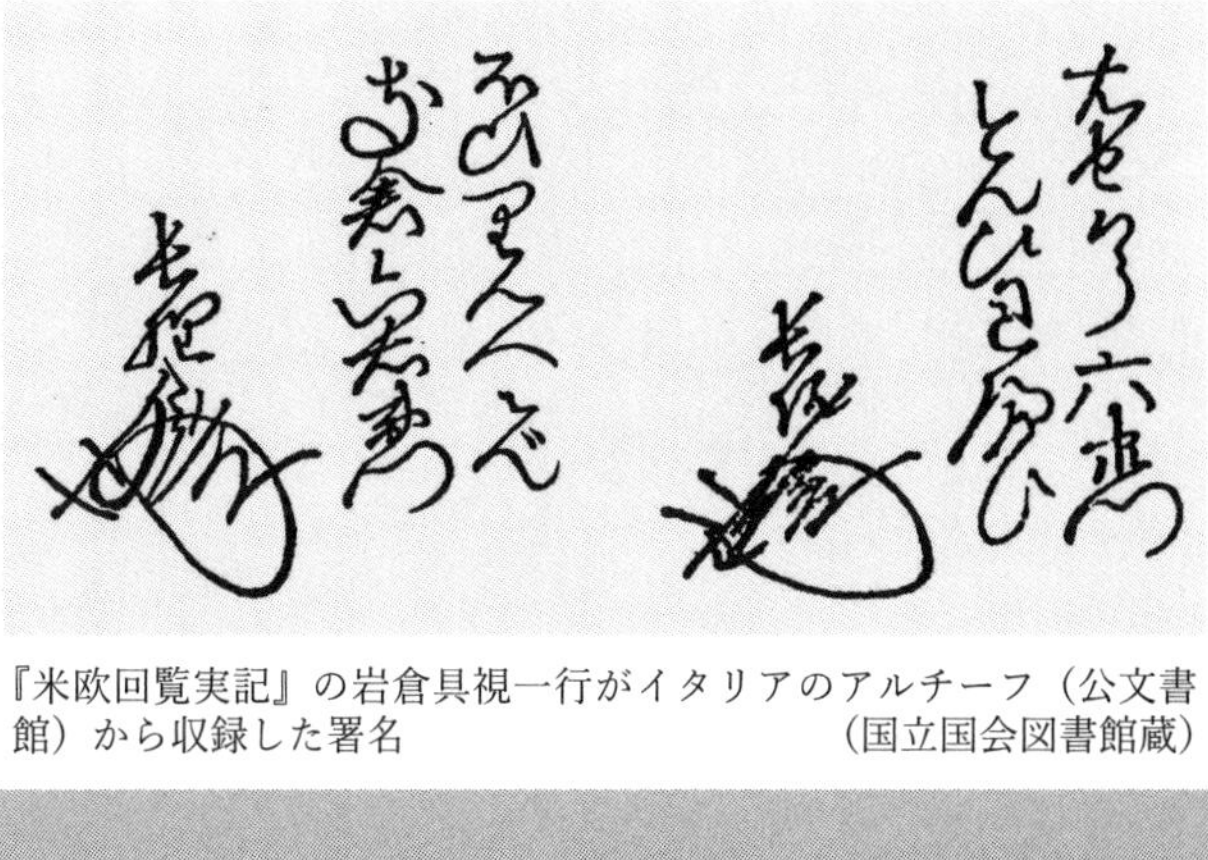

『米欧回覧実記』の岩倉具視一行がイタリアのアルチーフ（公文書館）から収録した署名　（国立国会図書館蔵）

公文書が語る文化のレベル

欧米に比べて日本は、公文書の保存・管理についての関心が低いと、よくいわれる。実際、ここまでみてきたような文書の改ざん・廃棄など、近年の相次ぐ不祥事をみれば、反論のしようがない。ただ、昔からずっとこんな、いいかげんな扱いが行われていたとは、必ずしもいえない。

たとえば毎年秋に奈良の国立博物館で開かれる正倉院展では、天平時代の数々の宝物と一緒に、当時の戸籍台帳など、さまざまな文書《もんじょ》が展示され、一三〇〇年も昔の人々の暮らしぶりなどを偲ぶことができる。そのころの、天皇家を中心とする行政組織はちゃんと、必要な記録を文書として残していた。それらは最初、東大寺に収められ、明治時代になってからは国家管理のもとで、現代に至るまで大切に保管されてきているのだ。

また、皇居に近い北の丸の国立公文書館には、近代以後の行政文書だけでなく、たくさんの歴史的文書が集められている。時々、テーマを決めて数十点ずつ展示会を開くことがあり、私もある日、江戸時代の文書類の展示を見に行って、びっくりさせられたことがある。江戸城大奥の、徳川将軍の寝所の図面である。

真ん中に将軍の布団の位置を示す図があり、それを挟むように両脇にそれぞれ、二つの布団の図がある。手前のふすまの外には、老女の座る場所がある。

「何ですか、この図は。なんで将軍のほかに二人分の布団があるんでしょう」

私が尋ねると専門員が、ちょっと困ったような笑いを浮かべながら、説明してくれた。将軍と夜を過ごした側室がのちに身ごもった場合、それが果たして本当に将軍の子なのかどうか、部屋に女性が一人だけでは確認のしようがない。その夜の出来事を見届ける、もう一人の存在が必要だ。さらにそれが、いつ、側室の誰々と一緒の時だったかを間違いなく記録するために、部屋の外に老女が控えていた。現代のＤＮＡ鑑定のような医学的手段がない時代に、偽の「将軍のお世継ぎ」が現れるのを防ぐ方法だったというわけだ。

なるほどそういうことかと納得したが、私がもっと驚いたのは、幕末から明治維新への、あの天下大動乱のさなかにあって、このような秘め事に近い、将軍家の私的な資料が、徳川幕府から明治新政府にそっくり無傷で引き継がれ、現代にまで手つかずで伝えられてきていたという事実である。

明治初頭に岩倉使節団がみた公文書の役割

福田康夫内閣で初代の公文書管理担当大臣を務め、その後も公文書問題に熱心に取り組んでいる上川陽子衆院議員（法相などを歴任）が数年前に憲政記念館で行った講演記録を読んで、明治初期の指導者たちの、文書に対する思いの一端を知り、感じ入ったことがある。

一八七一年（明治四）、岩倉具視を特命全権大使とする使節団はアメリカ、欧州各国を歴訪し、政治、経済、文化、さらに社会風俗や自然環境まで多角的に視察して、日本の近代化の道を探った。その一環で、イタリアを訪れた際には全員で現地の公文書館を見学し、公文書館が博物館や図書館と並んで近代国家にとって重要な役割を担っていることを認識したという。北の丸の国立公文書館に、その使節団の公式記録である『特命全権大使米欧回覧実記』が保存されていて、そこにはこういう報告が記述されている。

「西洋ニ博物館アリ、瑣砕《ささい》ノ微物《びぶつ》モ、亦択《またえら》ンテ蔵ス、書庫ノ設ケアリ、廃紙断編《はいしだんぺん》モ亦《また》収録ス、開文ノ至リナリト云ベシ」

西洋には書類を集めた公文書館がある。小さな断片や廃棄されるような文書でも、それらを選択して保存している。文化の真髄というべきである、という趣旨で、公文書館の存在、そして文書の保存それ自体が、西洋の文化レベルの高さを象徴するものとしてとらえられている。近代日本の建国の指導者たちがそのように文書の大切さを認識していたのに、現代日本がいまだにそこに至っていないことに、政治家として責任を感じるというのが新しい公文書館建設問題に取り組む動機だと、上川さんは語っている。

岩倉使節団が横浜港を出発した明治四年といえば、徳川幕府が瓦解し、版籍奉還、明治新政府の樹立、廃藩置県の断行など、新しい統一国家作りをめぐって目まぐるしく揺れ動いているさなかだった。右大臣岩倉具視を特命全権大使として、木戸孝允、大久保利通、伊藤博文ら薩長閥のリーダーらと、田辺太一、福地源一郎ら旧幕臣との混成による総勢五〇人が、ほぼ二年がかりで米欧一二カ国を歴訪した。津田梅子ら留学生、随行員らを合わせると合計一〇七人にのぼった。

その見聞の模様を記述した報告書が『米欧回覧実記』で、全一〇〇巻（五編五冊）、二一一〇頁にのぼる。編著者は、旧佐賀藩出身で太政官少書記官として岩倉と行動を共にした久米邦武。『実記』は帰国後、記録係だった畠山義成とともに三年がかりで資料を整理し、明治十年に御用刊行所の博聞社から発刊に至った。政府関係者らに配布のうえ、増刷して市販され、内閣文庫に納められて、戦後、現在の国立公文書館に移管された。ほぼ原文と同じ内容が岩波文庫から五分冊で発売されているほか、現代語訳が慶應義塾大学出版会から、また縮訳が角川ソフィア文庫から、それぞれ発刊されている。

上川さんが指摘した部分は第七八巻（岩波文庫第四冊）にあり、一八七三年（明治六）五月二十九日、ヴェネチアの「アルチーフ」、つまりアーカイブ、すなわち公文書館を訪問した時の模様が語られている。岩倉らの一行はここで、貴重な文書に出会う。

「此書庫ニ、本朝ノ大友氏ヨリ遣ハセシ、使臣ヨリ送リタル書簡二枚ヲ蔵ス」

内容をみせてもらうと、鋼筆で書かれたラテン語の書面で、二枚とも末尾にそれぞれ本人直筆の署名がある。岩波文庫版の田口彰氏の注釈によると、「大友氏」とは戦国大名の大友宗麟と思われ、天正遣欧使節をローマ法王グレゴリウス十三世に送った時の人物名のようだ。もう一人の署名は「支倉六右衛門」と読める。支倉は仙台藩士で、伊達政宗がローマ法王パウルス五世に送った支倉常長だろう。書面には、一通は「1615・2・24」、もう一通は「1616」の、日付が記されている。

大友の天正遣欧使節は一五八二年、伊達の使者派遣は一六一五年とされているから、大友の使臣と「支倉六右衛門」の両署名文書は、それぞれ別の機会のもののようだが、岩倉たちにとっては、遠いイタリアで、当時より二百数十年も昔の日本人使者たちの生きた記録を目撃した感動は、ひとしおだったことだろう。岩倉は久米に命じて二人の署名を写し取らせ、日本に持ち帰った。『実記』には米欧各地の銅版画約三〇〇点などとともに、この支倉らの署名の写しも掲載され、現在に伝えられている。

「廃紙断編モ亦収録」したイタリア公文書館の所蔵文書類を目のあたりにして、久米は前述したように、「開文の至りなり」と称賛しただけでなく、文書の取集、保存にあたっての考え方そのものにも深い感銘を受け、次のように述べる。

この書庫には一三〇万冊もの文籍がある。古来から文書を蓄えてきてこれだけ壮大な規模になったが、これは必ずしも著名な人たちの作品だから蓄えたというわけではない。文運が盛んなところでは、文書を愛重するものなのだ。書籍が尊いのは、政治や科学の水準が優れているから、というものではない。例えば大工が使う曲尺、鍛冶屋のふいごなど、なんでもないような道具も深い原理に基づいていて、それを理論的に応用、工夫することで進歩が生まれる。市井の商家が使う帳簿は商法や民法の元であり、それが国の秩序にもつながる。一見、些細なことと思われるものでも、おろそかにすると国の根幹を揺るがす。

「之ヲ軽ンスルノ積弊ハ、国ノ典法モ亦廃ス、是自然ノ理ナリ」

まるで今日の役人たちの、つごうが悪いからといって隠す、廃棄する、改ざんするといった乱暴な文書の扱いをあらかじめ見抜いていたかのような、重要な警告である。

また、岩倉が久米らに『実記』の編纂を命じたのは、海外視察の内容を単に政府に報告するためだけではなかったことも、注目に値する。その知識を広く一般国民に伝えることが、もう一つの大事な目的だった。情報は政府や関係者だけが独り占めにすべきものではなく、国民全体の共有財産としなければならないという考えである。久米は『実記』の冒頭の「例言」で、岩倉の次の言葉を引用する。

「吾使節ノ耳目スル所ハ、務メテ之ヲ国中ニ公ニセサルベカラス」

明治の指導者たちにとっては常に、国家の運営やその担い手である国民という存在が、彼らの行動の原点として、明確に位置づけられていた。一五〇年後の今日の、自己保身かだれかへのおもねりかしらないが、国家も国民も念頭にないかのような政府高官や役人たちの浅はかな所業を、岩倉や久米らはどんな思いで眺めるだろう。微々たる紙片といえども後世には重要な歴史的文書になる、決して粗末に扱ってはならないという、岩倉や久米らが『米欧回覧実記』刊行にあたって残した警句は、深く記憶に刻んでおきたい。

世界の公文書館

イタリアの国立中央文書館は、一八四五年五月二十五日に設立された王立公文書館が起源とされている。イタリアに新しい統一国家が形成されたのを機に、中央政府の文書を保管するのが直接の目的だったといわれる。

イギリスはこれより少し早く、一八三八年設立の公記録局などの機関が起源といわれる。英王室の財務記録などを正確に保管することが主たる目的だったようで、議会の提言で設置された。小林恭子『英国公文書の世界史』（中公新書ラクレ）によると、当時はネズミが古文書をかじる被害が多く、その対策として猫を飼う予算もついたとされている。

フランスはもっと早く一八〇八年。フランス革命によって政府が王権から国民の手に移ったのを機会に、革命以後の行政文書だけでなく民間の資料も合わせて保管されることになった。

アメリカでは連邦政府の各省庁別に文書が保管されていたが、一九三四年、「歴史の殿堂」としてナショナル・アーカイブス（国立公文書記録管理院）がワシントンに建設された。高さ二〇メートル超のドーム天井を持つ壮大な建物で、所蔵資料は一二〇億件。独立宣言、合衆国憲法はじめ建国以来の歴史文書が展示され、単に見学するだけの施設ではなく子供たちがアメリカの歴史などを学習する教室のスペースもある。

このように、米欧いずれの諸国も、君主制、共和制、民主制など政治形態の相違はあれ、近代国家の形成と軌を一にして公文書館が設立されてきた。そして、いずれも行政文書だけでなく、その時代の民情や風俗を知る手掛かりになるような民間の資料が、ふんだんに保存されている。

『英国公文書の世界史』には、興味深いエピソードがたくさん紹介されている。夏目漱石が一九〇〇年十二月二十四日から翌年四月まで住んでいたロンドンの下宿の記録をはじめ、一九六六年のビートルズ来日公演の際の騒動など、日本に関係する資料も数多い。

探偵小説で有名なシャーロック・ホームズ宛の読者からのたくさんの手紙と、ロンドン警視庁からの返書も保存されている。シャーロック・ホームズはもちろん架空の人物で、小説に出てくるロンドンの「ベーカー街221b」という住所も架空なのだが、区画整理で実在の地番と同一になってしまったため、欧州各国の読者から「ホームズ探偵にこの事件を解決してほしい」などの手紙が寄せられ、ロンドン警視庁に転送された。これに対して警視庁事務長名で、「ロンドン警視庁総監から、シャーロック・ホームズは実在の人物ではなく、フィクションの登場人物であることをお知らせするよう指令を受けました」という返事の手紙が投書者たちに送られている。

シリアスな文書も公開されている。一九三六年十二月、英国王エドワード八世の、アメリカ人シンプソン氏の夫人ウォリスとの恋愛をめぐる事件である。

国王がボールドウィン首相を深夜、宮殿に招いて話し合った記録についての閣議資料である。エドワード国王はシンプソン夫人との結婚を望み、自分の思いをBBC放送で訴えて国民の理解を得たいと述べた。これに対してボールドウィン首相は、立憲君主国の英国で、国王が内閣の支持なしに国民に直接訴えて法律を変えるようなことは「憲法に反する」と主張した。国王は「首相、あなたは私にいなくなってほしいと思っているのでしょうね」と問い、首相はこれを肯定した。翌日、国王は退位を宣言、ウィンザー公爵として、離婚成立後のウォリスと結婚した。

国王と首相、その極秘の会談を記録した閣議の議事録、そうした文書を英国では国民が読むことができる。個別の会談記録はおろか、閣議のやり取りさえ公表されない日本とは、これほどの違いがあるのかと、驚くほかない。

国立公文書館の新施設建設をめぐる動き

日本で今の国立公文書館ができたのは一九七一年のことだ。明治憲法や日本国憲法などの重要な歴史的文書が散逸するのを防ぐため、北の丸公園の一角に設置された。内閣や各行政機関などの行政文書だけでなく、前述した江戸城大奥の絵図類など徳川幕府から明治政府が引き継いだ文書などを含め、約一三三万冊が収蔵されている。つくば市には分館があり、明治天皇以後の天皇の御名御璽を記した閣議資料が保管されているが、こちらもあと数年で満杯になる見通しのため、全く新しい施設の建設が急務となっている。

実は私は、その新施設の建設に関する内閣府の調査検討会議の座長として、この数年間、海外視察を含めた検討のプロセスに参加し、二〇一八年三月には「基本計画」案を内閣に提出した立場にある。国会議事堂正面の前庭にある憲政記念館の敷地に、地上三階地下四階程度、総建物面積約四万二〇〇〇平方メートルの新館を、約八年半がかりで建設するというのが計画の概要で、現在、予算措置などの検討が進められている。

こう説明すると、ものごとが順調に推移しているようにみえるかもしれないが、ここに至るまでの経過は紆余曲折の連続だった。というより、一九七一年に公文書館ができてからほぼ三〇年間は、政治の場で公文書の保存・管理に関心を払う動きは、少なくとも組織的な行動としては皆無に近い状態だった。二〇〇〇年代に入って、小泉純一郎内閣の官房長官に就任した福田康夫氏が学識経験者らを集めて研究会を作ったのが、事実上のスタートだったといえる。

福田さんがこの問題に取り組むようになったきっかけは、まだ政治家になる以前、民間企業のサラリーマンだった当時に、たまたま米国出張の折にワシントンのナショナル・アーカイブスを訪れた時のことだったそうだ。父親の福田赳夫氏（元首相）の後援者が群馬県前橋市周辺の空撮写真を探していたので、念のため尋ねてみると、なんとたちまち十数枚の写真を探し出してくれたという。

文書保存の大切さを実感した福田さんの熱意で、せっかく新施設建設に向けて研究会が動きだしたのに、その福田さんが年金未納問題などで官房長官を辞任するなどで、いったん立ち消えになってしまった。その後、二〇〇七年には福田さんが首相になって、前述のように上川さんを公文書担当大臣に任命して本格的な検討が始まったものの、これも内閣が短命に終わってしまうなどで、行きつ戻りつの繰り返しとなった。ただ、この間、福田さんの呼びかけで、国会の中で公文書管理の充実を求める超党派の議員連盟ができるなど、地道な運動も進められ、安倍内閣のもとでようやく本格的な新施設建設への歩みが始まったわけだ。

日本における公文書廃棄の悪弊

施設建設への歩みは何とか軌道に乗ったが、肝心の公文書の保存・管理への意識の高まりはどうかとなると、モリ・カケ騒動が示すように、まさに仏作って魂入れずのていたらくである。もともと、公文書の保存・管理を法律で義務付ける「公文書管理法（公文書等の管理に関する法律）」が成立したのは二〇〇九年六月。約一〇年前、ごく最近のことである。それまでは、各省庁がそれぞれ個別に定めた文書管理規程で処理していたが、これは文書を保存することに主眼があるわけではなく、組織内での扱い方についての事務処理方針といった性格のものだった。森友問題で佐川理財局長が、関係文書の廃棄を正当化する論拠として挙げた財務省の行政文書管理規則が、その代表的な一例だ。

公文書管理法が制定されたのも、公文書保存への機運が高まったから、ということではなく、二〇〇七年に「消えた年金」問題という、年金記録のずさんな扱いが社会問題になるなど、厳しい政府批判が起きていたことを背景に、その防衛的な措置として作られた面が強かった。それ以前に、一九九九年に情報公開法（行政機関の保有する情報の公開に関する法律）が制定されて、国民から請求があれば行政文書を公開することが行政機関にとって義務となっていた。これが文書の保存・管理を促す要因にはなっていたが、現実には、この情報公開法は官僚組織にとってはむしろ逆に、情報公開に対する拒否本能を呼びさます方向に作用したようだ。

松岡資明『公文書問題と日本の病理』（平凡社新書）によると、情報公開法施行の前年度（二〇〇〇年度）に、各官庁から大量の文書が運び出されて廃棄されたという。あるＮＰＯ法人が廃棄に関する情報の開示を請求したところ、文書の内容は不明だったが、重量だけはわかった。廃棄には専門の業者を入札で決めて委託する。その業者が扱った廃棄文書量の実績から判明したわけだが、結果は、例えば農林水産省で約一三三トン（前年度は一一トン）、財務省は約六一九トン（同二六九トン）、警察庁は約二〇〇トン（同一一〇トン）などと、いずれも前年度の二、三倍（農水省の場合は二〇倍）にのぼっていた。次の年の廃棄文書の重量は各省庁とも平常に戻っていたから、やはり二〇〇〇年度が異常に多かったことがわかる。情報公開法の施行前に、公開請求されては困るような文書を、あらかじめ廃棄処分にしてしまったことはほぼ間違いない。

文書の大量廃棄でよく話題に出てくるのは、終戦時の騒動だ。一九四五年八月十五日、ポツダム宣言を受諾して降伏する旨の、昭和天皇の玉音放送によって戦争は終結したのだが、それと合わせて陸軍、海軍両省はじめ政府の各省庁では、一斉に文書の焼却が始まった。アメリカをはじめ連合国の占領軍が進駐してくる前に、戦争責任追及の証拠となるような文書はすべて処分してしまおうということだったのだろう。今日に至る文書廃棄の悪弊と官僚組織の劣化は、この辺に原点があるのかもしれない。

文書廃棄によって実際に追及を免れた人がいたかどうかはわからないが、逆にそれがあだになった人がいたという話もある。東京裁判で戦犯の追及が始まり、自分はその点については無関係だと主張しようとしても、それを証明する資料が存在しない。必死に当時の新聞や雑誌の記事などを集めて弁明に努めた人もいたという。つごうの悪い資料を隠すつもりが、かえって潔白の証明の機会をも失わせることになるのだ。

終戦詔書の修正過程にみる歴史的真実

そんな混乱の中で、奇跡的に消滅や散逸を免れた貴重な資料もある。玉音放送で天皇陛下が読み上げた終戦詔書の原本と、その草案である。終戦の決断は、一九四五年八月九日と十四日の二回にわたって開かれた、御前会議における天皇の「ご聖断」によって下された。この時の天皇のお言葉をもとに文章化されたのが終戦詔書だが、御名御璽のある、四四行、八〇二字のご署名原本の作成に至るまでには、複数の関係者らによって何度も加筆、修正、削除の「冊修」が行われた。その八種類九通り、合計四七頁にのぼる原案類をひとまとめに綴じ込んだ『公文類集』が、国立公文書館にそっくりそのまま残されていたのだ。

私は数年前、たまたまこの原案類をみせてもらう機会があり、その加筆、修正などの過程に日本の政治体質を考えるうえで参考になることがたくさん見いだせることに気づき、二〇一五年四月、中央公論新社から『終戦詔書と日本政治』と題する本を出版することができた。ご関心のある読者にはぜひご一読いただきたい。たとえ文書作成の時点ではただの下書きの一部であったとしても、時をへて読み返すと、そのプロセス自体から重要な歴史的意味や新しい問題点を発見することができて、文書を保存することの大切さが感得されるに違いない。

近代国家の基盤としての文書主義

文書の保存・管理の大切さを、ここまで歴史的観点からみて強調してきたが、それと同時に、いやそれ以前に、現時点の、日常における国家運営にとっての文書の重要性を、ここで改めて強調しなければならない。というのは、文書に基づく業務の遂行、すなわち「文書主義」こそ、近代国家の基盤であるからだ。

マックス・ウェーバーが『支配の諸類型』（創文社）で明らかにしたように、「伝統的支配」「カリスマ的支配」と近代の「合理的支配」の決定的な相違点は、「合法性」にある。伝統社会の長老や特殊な資質を持ったカリスマ的な人物の「人による支配」ではなく、支配者も国民も同じ法秩序に従う「法による支配」が、近代国家の原則である。英国王エドワード八世をボールドウィン首相が、立憲君主制下の国王の行動としてふさわしくないとしていさめたのは、その一例といえよう。

封建制や絶対君主の家産制国家では、土地もその生産物や収益もすべて首長や君主の私有物で、家臣はそこから秩禄をもらって奉仕する存在だったが、近代国家では、行政手段は支配者から分離され、専門知識を持った行政スタッフ、つまり官吏に委ねられる。その官僚組織の特質は「精確性、恒常性、規律、厳格性、信頼性、計算可能性」にあり、担当者が代わっても職務はそのまま後任に引き継がれて、前任者と全く同じように遂行されなければならない。それを可能にするために必要なのが、文書なのである。

「予備的な討論や最終的な決定、あらゆる種類の処分や指令は、文書の形で固定される。文書と官吏による継続的な経営とは、あい合して役所を形成するが、この役所こそあらゆる近代的な団体行為の核心そのものをなしている」

ウェーバーの「行政の文書主義の原則」は、立憲君主制を含めた近代国家全般にあてはまる理念型だが、国民が政治指導者を選挙で選び、その政治による決定を官僚機構が忠実に執行するという現代の民主主義国家では、なおさら文書による行政が重要になる。国民が行政の内容について十分な情報を共有し、それをいつでも検証できることが民主主義の前提だからだ。公文書が民主主義国家の基盤だといわれる意味はそこにある。

公文書管理法が、まず第一条で、公文書は「健全な民主主義の根幹を支える国民共有の知的財産」であって、「主権者たる国民が主体的に利用しうるもの」と定義しているのも、そうした公文書の性格を明確に示すものだ。公文書は官庁職員の私的な所有物ではないのだから、勝手気ままに扱ってはならない。行政文書や歴史公文書などの「適切な保存及び利用」は、「行政が適正かつ効率的に運営」されるための不可欠の条件であり、そのことによって初めて、国の活動を「現在及び将来の国民に説明する責務を全うする」ことができると、第一条は述べている。公文書管理の意義と目的は、この第一条に言い尽くされているといってよかろう。「歴史的文書」になる以前に、まず日々の事務処理で作成している文書を大事に扱うことが、国民全体に奉仕する官僚たちの義務なのだ。

その場合にしばしば問題になるのが「個人メモ」である。公文書管理法には「公文書等」「歴史公文書等」「特定歴史公文書等」など、様々な種類の文書の表現がある一方、文書作成義務を定めた第四条には、「処理に係る事案が軽微なものである場合を除」く、として、軽微な内容の文書は保存対象から除外することを認める条文がある。このため、「単なる面会記録で内容には触れていないから」とか、「ちょっとした走り書きのメモだから」といった理由で廃棄してしまうケースも少なくないようだ。森友学園問題や加計学園問題で、「面会記録は存在しない」などという答弁が何度も聞かれたように、「軽微」が隠蔽の口実に利用されることが現実に起きている。

「軽微なもの」といっても、単なる書き損じや私的な内容もあれば、中身は政治的に重要だが形式は簡単なメモ、という場合もある。その点で思い出すのは、ワシントンのナショナル・アーカイブスを訪れた時のことである。

前述したように私は、新しい公文書館建設のための内閣府の調査検討会議のメンバーとして、アメリカの視察に参加したことがある。ナショナル・アーカイブス見学では、建物の壮大さ、合衆国憲法や独立宣言などの原本類の迫力などに圧倒されながら、係員の案内でいくつかの展示室を見学して回ったが、そのうち一枚の紙きれが目に入った。鉛筆書きの走り書きで、陸軍長官から大統領あての、「緊急に報告したい」という面会申し入れを伝えるホワイトハウス側のメモのようだった。なんの説明も書いてないので、この紙切れがなぜ保存され、展示されているのかよくわからないまま、次の展示場に移ってしまった。

すると、視察団の一員として一緒に見学していた国立公文書館の元館長・菊池光興さんが、思い出したように「あのメモが何だったかわかりましたか」と話しかけてきた。

「いやあ、何だろうかと私も気になっていたんですがね」

私が答えると、菊池さんは「あの日付から考えると、多分、原爆実験成功の報告の件じゃないかと思いますよ」。

しまった、メモにあった日付を私は見落としていた。菊池さんがそう言うところをみると、恐らくメモの日付は一九四五年七月だったのだろう。

アメリカは第二次世界大戦さなかの一九四一年、ルーズベルト大統領のもとで原子爆弾の開発計画に着手した。ドイツが原子力を利用した兵器の研究をしているという情報をもとに、対抗して始めたもので、マンハッタン計画として知られている。ルーズベルトは一九四五年四月に急死するが、その三カ月後の七月十六日、ニューメキシコ州アラモゴードの実験場で、人類初の原爆実験が成功した。「実験成功」の知らせはすぐにトルーマン大統領に伝えられ、八月六日、広島に最初の原爆が投下された。

展示されてあった紙片がその時の、スティムソン陸軍長官からトルーマン大統領への、緊急報告のためのメモ書きだったとすれば、たしかに第一級の、重要な歴史的文書である。菊池さんはその後、二〇一七年に急逝されて、その件について話し合う機会を失ってしまったのは残念の極みだが、私が感銘を受けたのは、たとえ小さな紙切れでも重大な歴史の瞬間を物語る貴重な資料があるのだということ、そしてまた、アメリカの文書管理の担当者はそういう文書の持つ歴史的意味をしっかり認識して、大切に保存し、参観者の閲覧に供しているという事実である。

法律に保存対象が「歴史文書」と書いてあるからといって、憲法の原本や五箇条の御誓文のように、初めから歴史文書として明白なものだけではなく、日々の事務処理の段階ではさして重要と思われないような文書でも、何年かたつうちに重要な意味を帯びる歴史的な文書もある。施設の立派さや展示の方法などとともに、そうした公文書というものの重要性を実感することができたのは、私にとって海外視察の大きな成果だったが、それだけに、その後の国内の廃棄、改ざん、隠蔽の騒動には胸を塞がれる思いだ。

私たちの調査検討会議は新しい公文書館の建設、つまり施設面の充実、整備が中心課題ではあるが、その新施設に移管されてくる公文書がいい加減な扱いをされているようでは話にならない。そんな思いから、モリ・カケ問題が論議されているさなか、基本計画の報告書提出（二〇一八年三月二十九日）にあたって私は、他のメンバーと協議のうえ、異例ではあったが「公文書の適正な管理が損なわれることのないよう、政府に強く要請する」という座長コメントを申し添えた。

それでも二〇一九年には、厚生労働省の「毎月勤労統計」をめぐる不適正調査が問題となるなど、新たな混乱が起きた。この問題は文書の改ざんや廃棄などと違って、法律で定められた全数調査をすべきところを、担当職員たちの判断で調査対象を減らして抽出調査に変えていたという調査方法をめぐる事案だ。統計の数値は公文書と同様、政策の形成、遂行など行政の根幹をなすものであり、ゆるがせにできない問題であるには違いない。

ただ、その背景をみると、批判するだけでは片付かない問題点があるようだ。まだ不明な点がいくつかあるが、現時点で明らかになっているところによれば、統計担当職員らの人員不足、調査対象となる企業側からの苦情などがあったといわれる。前年の公文書の隠蔽、改ざんなどの事件とは、だいぶ性格が異なる。問題点をきちんと説明すればモリ・カケ問題のような大混乱にはならないはずなのだが、政府側の対応のまずさや、統一地方選挙や参院選などを控えた与野党対決ムードの政局とも絡んで、またも国会審議の紛糾を招いたのは困ったものだ。

組織としての対応のまずさでとんでもない不祥事に発展するケースは、民間企業の世界でもここ数年、頻発している。二〇一七年から一八年にかけて、一流企業といわれる鉄鋼、自動車など大手メーカーで、データの改ざんや偽装、検査の手抜きなどが相次ぎ、社長や役員らが退

前者の問題は、法律に反する手法で国民に実害を生じさせたことは明らかで、厚労省の不適切行為は厳しく批判されなければならない。とくに毎月勤労統計は国のさまざまな政策のベースとなる基幹統計だから、厚労省の勝手な行為は許されない。原因と問題点をしっかりと解明して再発を防止することは、政府全体の責任である。

ただ、調査方式の是非という問題だけに限れば、大企業に対する悉皆調査にはかねてから、調査要員の人手不足や、調査を受ける側の企業の負担などが指摘されていた。中規模企業の調査対象の入れ替え問題にしても、近年のＩＴ企業の興隆、企業の再編や業種・業態の変化、あるいは高齢者、女性、非正規労働など労働市場の変化を考慮に入れる必要がある。その意味ではむしろ、悉皆調査をサンプル調査に、また総入れ替えから部分入れ替えに、それぞれ変更する方が合理的だという専門家の意見も多い。経済社会の実像を正確に捉えるにはどのような統計手法が適切なのか、この機会に正面から見直しに取り組むべきだといえる。

しかし、そうした建設的な方向の議論を進めるためにも、この不祥事には、根本的に問い直さなければならない課題があることを見逃してはならない。それは、なぜ不適切な調査方法が長い間、厚労省内で放置されてきたのかという点だ。

前述のように、もし方式の変更が必要であって、またそれが合理的であるならば、正当な手続きを踏んで改善すれば済む問題だったろう。必要なら法改正をすればよいだけの話だし、そうすべきだった。なぜそうしなかったのか。だれかが勝手に変更したとしても、同じ職場の職員や上司は知らなかったのか。知っていたとすれば、なぜ口をつぐんで公表しなかったのか。

二〇一九年二月二十七日に発表された厚労省の特別監察委員会による「追加報告書」（毎月勤労統計調査を巡る不適切な取扱いに係る事実関係とその評価等に関する追加報告書）は、野党側から「組織的隠ぺいを認めていない」などの批判を浴びただけでなく、総務省の統計委員会からも、「再発防止策を考える際に必要な情報が著しく不足している」と、厳しい批判を受けた。問題を起こしたうえに、その実態解明の調査すら満足に行えないとは情けない限りだが、それでもこの「追加報告書」は、関係職員らの「規範意識の欠如」や「職務怠慢」を厳しく批判するなど、厚労省内に染みついた無責任体質を浮かび上がらせていて、興味深い点がいくつもある。

特別監察委員会は統計の専門家、学者、弁護士、公認会計士ら八人で構成され、厚労省の元・現職員らのべ六九人（実人数五九人）からヒアリングを行ったほか、関係する東京、大阪、神奈川、愛知の各都府県からも事情を聴いた。厚労省関係者の中にはすでに他界した人、記憶があいまいな人もあって、証言内容が不明確だったり食い違っている部分があるため、不十分な面がいくつもあるが、問題の所在については報告書からおおよその輪郭を読み取ることができる。

それによると、東京都の大企業を対象とする調査を全数から抽出方式に変更したのは「当時の雇用統計課の課長以下の判断」によるもので、その理由は、「東京は大規模事業所が集中し、数も増加している」こと、「都道府県や回答事業所からの負担軽減の要望に配慮した」こと、などだったとしている。

歴代担当者らの中には、調査方式の不適切な変更を認識していたものも複数いたというが、「これを是正することなく放置した」。その原因は「東京都は数が多く、例外的と考えていた」など漫然とした認識の誤りに加えて、「悪しき前例であっても（前任者たちが）これを踏襲したことや、誤りを改めることに伴う業務量の増加や煩雑さを嫌った」など、不適切を知りながら放置したことにあった、と述べている。

やっていることが適切でないことはわかっているが、それほど重大なことではない、あえて問題を指摘したり改善を求めたりしても、ろくなことはない、前任者批判と受け取られて組織内に悶着を生じさせかねないし、改善作業の責任を背負い込まされたらかえって面倒だ……。見て見ぬふり、首をすくめてやりすごそう、という役人たちの姿が、目に浮かぶようではないか。

上司の「政策統括官」は、どうしていたのか。調査方式が変更されていることを、ある時点で報告されたことがあったようだ。その時、彼はどうしたか。「然るべき手続きを踏んで修正すべき」と指示したという。「然るべき手続き」とは何か。彼は、統計方式について権限を持っている総務省に「報告」することや、事実関係を「公表」することも含めた意味で言ったと、特別監察委員会の聴取に説明したというが、部下は「公表することについては認識がなかった」と、調査に答えている。

「然るべき〇〇」も、典型的な役所言葉である。それが何を意味するかは、言った側、言われた側それぞれが勝手に解釈できるよう、あえてあいまいにしてある。指示するならはっきりと、こうしろといえばよさそうなものだが、その場合なにが起きるか。指示がよい結果をもたらせばよいが、仮に結果が悪かった場合は、指示した側の責任が問われることになる。どうとでも解釈できる言葉なら、うまくいったら「それが自分の指示したことだった」と胸を張れるし、逆の場合は「自分の指示はそういう意味ではなかった」といって、責任は指示の解釈を間違えた部下の側にあると弁明できる。手柄にも保身にも使える。「然るべき」というさりげない言葉には、そんな周到な計算が働いている。

厚労省の「追加報告書」は、この点についてそれ以上踏み込んだ究明をしていないが、総務省行政評価局の「緊急報告」（「賃金構造基本統計問題に関する緊急報告――平成三一年一月の基幹統計に点検に係る実務上の諸問題を中心として」）は、政策統括官の発言の問題点をこう指摘する。

「それは何が問題と考えたのか、また調査計画をどう直すのか、はっきりしないことである。必要な検討が行われたといえるかも不明である。政策統括官の問題意識が、調査計画の実態からの乖離は、表記上の問題にすぎないと捉え、手続きを踏んで平仄合せの修正（形式修正）をすべきというものであったか、乖離は統計実務などに影響を与えるような問題があるものと評価し、調査計画を改善する実質修正をすべきというものであったかが分からない」

この「緊急報告」は、毎月勤労統計の不祥事をきっかけに各種統計の実態を洗い直している過程で、新たに「賃金構造基本統計調査」でも、訪問調査すべきなのに実際には郵送に切り替えていた事実が発覚したことから、この問題を中心にして厚労省のずさんな作業ぶりを追及したものだ。厚労省の一連の不適切行為について「緊急報告」は、厚労省の不適切な実務が、「いつから始まっていたのか厚生労働省ですら分からないということが衝撃的であった」「職員が、それに気付いていても直さなかったことも同様である。これらが非難されるべきことは言うまでもない」と、同じ中央官庁の立場からみても容認できないほど深刻な事態であることを確認して、『遵法意識の欠如』や『事なかれ主義の蔓延』が問題の根底にある」と、厳しい断定を下している。

官僚組織の「機能不全」

前章で引用したマックス・ウェーバーの「支配の諸類型」が、近代社会の支配の基本理念を「合法性」、すなわち支配者も民衆もともに「法による支配」に服することであると規定したように、法を守ることは近代民主主義社会の大前提である。まして、行政を担う官僚機構が法律に定められた手続きを守るのは、当然すぎるほど当然の義務である。それが「遵法意識」に欠けている、法を守る意識が欠如していると、他の官庁から指摘されるとは、何たることだろう。

前年の「モリ・カケ事件」と違って、統計問題では、文書の廃棄や改ざんといった犯罪的行為は見受けられなかった。関係職員の証言のあいまいさや食い違いにもかかわらず、ある程度、事実関係について輪郭を描くことができたのは、それらを裏付ける文書が残っていたからだったといえる。しかし、その代わりに表面化したのは官僚たちの「職務怠慢」、官僚組織の「機能不全」だった。

マックス・ウェーバーが近代の官僚制的行政の理念として「文書主義」を挙げた時、文書の重要性だけを指摘したのではなかった。

「文書による行政は、あらゆる経験に徴して、精確性、恒常性、規律、厳格性、信頼性の点で、したがって計算可能性を備えている点で……支配の行使の形式的には最も合理的な形態である」文書が存在しているというだけでは、合理的な行政は成り立たない。職務の規律、厳格な統制があってはじめて、正確で信頼性のある行政が行われる。法律の定めに反していても問題だと思わない、間違いがあっても知らぬ顔、職場の規律は緩みっぱなし、というのでは話にならない。

統計不祥事でわずかな救いといえば、問題を起こした職員たちが、これによって私腹を肥やしたり、何か利益を得ていたわけではなかったという点だろうか。統計という仕事は地味な専門的職務で、一般にイメージされているような、霞が関の高級官僚たちが権限を振り回すといった世界とは程遠い職場だった。他の部署からの注目を浴びることも少なく、それだけに目が届きにくいこともあって、内輪のなれ合いが放任されやすかったともいえよう。

それにしても、法の定めも無視して勝手なやり方で作業をしているとなれば、そこには、仕事は自分たちの恣意のまま、という役人特有の傲慢さを感じざるを得ない。国民のために「公務」を担っているという、公務員として一番大事な責任感が欠如していることは明らかである。なぜこのような、だらしないことになってしまったのか。

いや、そんなことはなにも今に始まったことではない、もともと役人とはそういうものなのだ、という見方もあるだろう。例えば、官僚というものが無責任になったのは一八四〇年代、王政から近代国家になってからのことだと、バルザックは『役人の生理学』(新評論、後に講談社学術文庫)で述べている。

「そのわけは、国家に仕えるということは、かつてのように賞罰を心得た君主に仕えることではなくなっているからである。今日、国家とは『すべての人びと』のことである。ところで、『すべての人びと』というのは、『だれのことも』気にかけたりしない。『すべての人びと』に仕えるということは『だれにも』仕えないというに等しい」

バルザックの作品を翻訳した鹿島茂氏は、こう解説する。

「官僚制は近代という時代の盾の裏面であり、その弊害は『万人』の支配が続く限り決してなくなることはない、官僚機構は十九世紀に国民国家ができあがった段階ですでにその構造的欠陥を内包していたのだ」

マックス・ウェーバーは近代国家の官僚制を「合理性」の象徴ととらえた。バルザックは逆に、近代の官僚制に無責任、堕落を見る。二人の見解はまるで対極をなしているようにみえる。しかしこれも見方を変えれば、官僚制が持つ二面性をそれぞれが指摘しているともいえる。

ウェーバーは、官僚制が「規律」のもとにある状態を前提としてイメージしているのに対し、バルザックは、君主という具体的な支配者による「規律」が失われた状態の官僚制を論じている。官僚制は、ウェーバーが述べたように「規律、厳格性」と一体になってはじめて合理的な支配形態として「信頼性」を得るのであって、規律なき官僚制は無責任な放縦、事なかれ主義に陥るしかない。

だから官僚制組織にはたえず、規律を保持するという緊張感が不可欠なのだが、それが官僚制の中から自動的に生じる保証はない。バルザックによれば、近代化以前は「賞罰を心得た君主」がいた。いまは、「すべての人びと」が支配する民主主義社会だから支配者の姿がみえず、緊張感が失われがちだということになるのだが、そうであるならなおのこと、国民の代表として選ばれた政治家たちによる、行政に対するしっかりとした指導が必要となる。政治の側に緊張感がなく、ルーズな言動が横行していれば、役所の規律が緩むのを防ぐことは難しくなる。ここにも「政治家の責任」を問うべき理由がある。

厚労省の統計不祥事にみる政治の劣化

ここで、統計不祥事をめぐるもう一つの問題点が浮かんでくる。政治の側のお粗末な実情である。

「政治」の問題点を論ずる場合、政府当局者の言動に議論が集中しがちだが、野党側がどんな態度をとっているかも重要な要素となることを、見落としてはならない。統計不祥事についいていえば、特徴的だったのは、事実関係の究明と同時に、担当大臣の責任や、「官邸の関与」の有無の追及に、重点が置かれたことだった。

事実関係を解明することはもちろん大事だが、それは前述したように、不適切行為が生じた原因と関係者の責任を明確化し、再発の防止と、より良い統計手法を与野党あげて検討するために必要だからである。ところが実際には、議論はそういう方向には向かわず、もっぱら「大臣のクビを取る」ことや、安倍官邸がアベノミクスの成果を誇張するために統計を作為的に歪めた、疑惑隠しだ、という非難に終始した。そうした「疑惑」が証明されなくても、その後に予定されている統一地方選挙や参議院選挙に向けて、政府・与党側のイメージダウンを図ることができれば成功、という計算が働いていたかのようにみえた。

一方の政府・与党は、そうした野党側の主張には根拠が薄いと見越してか、統計作業の実態解明には真剣に踏み込まず、ひたすら野党質問を受け流して審議時間を消費させる戦術に終始した。本来なら厚労省などの関係者にしっかり答弁させるべきなのに、責任者を異動させて答弁を免れさせようと試みたのもその一つだ。しかも、厚労省の当事者が面会の事実を認めているのに、面会相手とされた当時の首相秘書官は「記憶にございません」の一点張りで、かえってなにか後ろ暗い事実を隠しているのではないか、といった疑念を国民に抱かせる結果ともなってしまった。

だからだろう。総務省が「統計の日」（毎年十月十八日）向けの標語を一般募集したところ、思いがけないことが起きてしまった。標語の募集は一九七三年の「統計の日」制定以来、毎年恒例で、前年までは「活かせ統計、未来の指針」といった、ごく常識的なフレーズが多かったのに、二〇一九年は怒りや皮肉を込めた言葉が殺到した。

「ごまかせ統計、疑惑の指針」

「不景気も統計一つで好景気」

「合わぬなら作ってしまえ偽統計」

「この数字君が良いねといったから偽装であっても統計記念日」

思わず吹き出したくなるほど見事な風刺だが、政治家たちの無責任な言動がこのように冷笑されているという現実を考えると、感心したり笑ってすませるわけにはいかなくなる。その場しのぎの政府・与党の対応。政府への不信感をあおるだけが使命と思い込んでいるような野党の行動。これでは政治に緊張感が生まれるはずもないし、官僚たちの規律が向上するわけもない。

責任ある官僚がいた時代——小池欣一

政治家や政党、官僚たちが、いつもこのように無責任だと決めつけるのは正しくない。私の付き合った官僚たちの中には、尊敬に値する立派な人が何人もいた。例えば一九七〇年代、佐藤内閣の官房副長官だった小池欣一さんなどは、その一人である。

取材にはハコ乗りという手法がある。取材相手の車に一緒に乗せてもらい、車内で雑談しながら情報を引き出すというやり方だ。ふだん忙しくてアポイントを取りにくい相手の場合には、とくに貴重なチャンスとなる。もちろん、車に乗せてもらえるようになるには、それだけ相手から信頼されていることが前提になるが。

官房副長官には政治家と事務方の二人がいる。事務方の副長官は、各省庁の事務次官からなる事務次官会議を主催する官庁組織の最高責任者で、ふつうはどこかの省の事務次官経験者が務めるケースが多い。小池さんは旧厚生省出身だが、早くから内閣官房に出向していたことから、次官経験なしに、内閣官房の総務課長から一気に副長官に起用された異色の存在だった。各省庁の最高幹部の次官たちを相手にやりにくかったかもしれないが、まん丸の温顔はいつもにこにこ、悪びれたり臆することもなく、ごく自然なたたずまいをみせていた。

ある日、首相官邸から小池さんが出かける車に乗せてもらった。国会まで、信号待ちを含めても五分もかからない短い時間で、軽い雑談的な会話しかできなかったが、驚いたのは国会議事堂に入ろうとした時だ。通用門の衛視に、小池さんは深々と頭を下げた。私はそれまで何度も、政治家や高級官僚たちの車に乗せてもらって通用門を通っていたが、衛視に向かって頭を下げる人を見たことがなかった。

単なる会釈ではなく、かといって慇懃な態度というわけでもなく、いたって自然に「ご苦労さま」という思いのこもったお辞儀だった。小池さんは官僚組織のトップ、衛視は末端の国会職員で、立場も職務もまるで異なるが、それらを取り払えばお互い公務に仕える者として、それぞれの仕事を敬う気持ちがにじみ出たようなしぐさだった。

それだけなら腰の低い、よくできた人物という評価で終わるかもしれない。私がその場面にことさら驚いたのは、小池さんがかつて、佐藤栄作さんが自民党総裁に選出されて首相官邸を訪れた時の行動を、先輩記者から聞いていたからだ。

一九六四年十一月、池田勇人首相ががんで退陣したあと、後継をめぐる激しい駆け引きをへて、池田さんのライバルだった佐藤栄作さんが、党大会に代わる最高議決機関である自民党両院議員総会で後継総裁に選出された。午後の衆院本会議の首相指名選挙で正式に首相に就任する段取りが決まり、佐藤さんは、その前にちょっと首相官邸の執務室を視察したいといって、秘書らと一緒に意気揚々と官邸に向かったのだった。

官邸では、連絡を受けた小池内閣官房総務課長が門前に立っていた。出迎えに来たものと思い込んだ佐藤さんに、小池さんはこう言った。

「お待ちください。先生はまだ自民党総裁です。首相執務室にお入りになるのでしたら、国会で首相指名の議決を受けられてからにしていただきたい」

「なにい」と、佐藤さんの胸に一瞬、怒りがこみあげたに違いないが、小池さんの主張はいちいちもっとも。なんと杓子定規な言い分かと怒ってみても、それを覆す論拠は佐藤さんの側にはない。「そうか」と言って佐藤さんは、静かに車を引き返したという。

あと数時間すれば首相として官邸に乗り込んできて、自分の直属の上司となることが決まっている佐藤さんを門前払いする小池さんの、理非を貫く誠実さと度胸のよさ。俺をだれだと思っているんだと怒鳴るかと思いきや、あっさりと引き下がった佐藤さん。「忖度」などという言葉が横行する現代の政治家と官僚たちの世界からは想像もできない、さわやかなエピソードである。

しかもそのあと、小池さんは、左遷されるどころか、数年後には前述のように出身官庁の局長や次官ポストを飛び越えて、内閣官房副長官に抜擢された。またそれで小池さんが佐藤さんに媚を売るようになったかといえば、一切そんな気配をみせたことはなく、佐藤さんの方も格別そのことを気にする様子もなかった。政も官も、まず器の大きさが今とはまるで違うことに驚く。そして、その違いがどこからくるかといえば、恐らく自分の職務に対する誇りと責任意識だと、私は思う。

この一件は、私が政治記者になる前の出来事で、先輩記者から当時の目撃談を聞かされた以外、どこにも裏付ける記録はない。佐藤さんも小池さんもこれについてこと改めて語ったことはないから、事実関係については確認のしようがないが、私は本当の出来事だったと確信している。というのは、別の機会に、行政措置をめぐってトラブルが発生した場合の官邸の対応について雑談していた時の、小池さんのひと言に、温顔の裏に秘めた覚悟のほどを感じさせられたことがあったからだ。

小池さんは実にあっさりと、「なあに、その時は私が責任をとりゃあいいんです。私はそのためにいるようなもんですから」と笑って語ったのだった。日々の仕事を坦々とこなしているだけの、代わり映えのしない業務の遂行が、実は、いったんことがあればいつでも職を投げ打つだけの覚悟と表裏一体となった、薄氷の上に成り立っていることを実感させられて、私は思わず緊張を覚えたことを思い出す。

自分の職務を忠実に実行する、といえばごく当たり前の、平凡な日常業務を思い浮かべるだろうが、実はそれは簡単なことではない。上司が理不尽な行為をしたり、あるいはその種の行為を上司から命じられたりした場合、どうするか。反対したり拒否して、筋を通すとしよう。上司の不興を買うか、あるいは取り巻きの小人物たちが上司を唆すかして、職を失うことにもなる。そういうリスクをも踏まえてなお、自分の行為にはなんら恥じるところがないという自負と、万一それが誤解や偏見によって不遇な結果をもたらすならそれを敢然と引き受ける、という決意をもって、堂々と自分の主張を貫くのは、並大抵のことではない。厳しい責任感と自己規律に支えられてこそ、日常の平凡な作業があるのだ。

政治家の責任

裏返していえば、官僚を指揮する立場の政治指導者の責任は、だからなおさら重いといわなければならない。政治家が狭量で、部下の筋の通った異論に耳を貸さないようでは、安定的な行政は成り立たない。側近たちがトップにおもねって、あるいはその威を借りて、理不尽な要求を担当の官僚に無理強いするとなれば、行政の混乱は免れない。一方、指導者が勝手気ままな振る舞いをすれば、側近たちの規律も緩む。指導者は、自分自身を律するだけでなく、自分の言動が身近にいる側近たちの姿勢を狂わせたりしていないか、常に目を光らせて公務の乱れを防がなければならない。

「責任ある行動」といえばすぐに「責任を取って辞める」ことだと考えられがちで、野党側はしばしば担当大臣の「クビを取る」ことに熱中し、それに成功すれば一件落着、そうでなくても時の政権や与党側にダメージを与えられればよし、とする傾向が強い。逆に政府・与党側は、ことが重大で政権中枢を揺るがす恐れがあるような事柄の場合は、なるべく早めに担当大臣らを更迭して幕引きを図り、また野党側の攻撃には決定打がないと見込まれる場合は、「職にとどまって再発防止に努める」という言い方で乗り切りを図る。俗にいうトカゲのしっぽ切りか、それとも居直りかが、与野党対立の通常のパターンだ。

どちらのケースも、その問題がなぜ起きたのか、どこにどのような責任があって、どうすれば改善できるのか、という本格的な解決策は問われないまま、時間の経過とともに不祥事は風化してゆくことになる。あとに残るのは国民の、政治に対する不信感や無力感だけ、ということの繰り返しは、情緒的な英雄待望論などポピュリズム的風潮を招き、議会制民主主義の基盤を掘り崩すことにもなりかねない。

大事なのは、騒動が起きて辞める辞めないの駆け引きに終始するのではなく、ふだんから官僚たちが忠実に、誇りをもって自分たちの職分を全うできるように、政治の側がまず、規律ある行動を示し、行政機関の規律を高めることだ。「責任ある行動」とはそれをいうのであって、あれは官僚の不始末だから政治家に責任はない、などといった言い訳は、政治の自己否定でしかない。

劣化した日本の官僚組織

官僚はいつも、そして誰も彼もが無責任だ、というわけではなく、立派な官僚がいたことは事実だし、今もいるかもしれない。といって近年の官庁の一連の不祥事を見れば、官僚組織に無責任体質がはびこっていることは否定のしようがない。やはり、時代によって興隆があり停滞があるように、「政と官」の歴史にも、緊張感に満ちた興隆の時代と、停滞、劣化、衰退の変遷があるのだろう。そしていまが劣化の状態にあることは、まぎれもない事実といわざるをえない。

漠然とした印象でそう言っているわけではない。官僚組織が劣化しているのと同時に、国民の目からも、官僚という仕事に対する尊敬や憧れが消えつつあることは、次の数字が如実に物語っている。

人事院によると、二〇一八年度の国家公務員総合職試験の合格者は一七九七人だった。前年度の一八七八人に比べ、八一人も少ない。合格者の出身大学では東大三二九人が一番多いが、これも前年度より四三人減っている。志願者数自体が一万九六〇九人で、前年度より約一〇〇〇人も減った。二万人を割り込んだのは一九七〇年以来、四八年ぶりのことだ。一九年度はさらに二三〇〇人余も減って一万七二九五人。また「自己都合」で退職した二十代公務員が八七人にのぼった。

国家公務員総合職というのはいわゆる霞が関のキャリア官僚のことで、ピークの一九七八年の志願者数は五万五九七二人にものぼっていた。公務員の定数削減などもあって、その後八〇年代から九〇年代は平均して四万人台から三万人台、二〇〇〇年代に入って二万人台に落ち込んだが、それでも二万人を割り込むことはなかった。

給料は安い、残業が多い、昇進も遅い、あげくに天下り禁止——。ひと頃までは、在職中は安月給でも、よほどのミスがなければ係長、課長、部長級、局長級と堅実に昇進をとげることができた。役所の権限を行使できる立場上、民間に対して優越的立場にあり、定年近くになると民間企業などに天下りして安楽に生活することが、ほぼ保証されていた。その役人の出世コースが崩れてしまったとあっては、エリート学生たちにとって役人生活は割りに合わない仕事になってしまったようだ。『東京大学新聞』の調査によると、東大生の就職先上位六社のうち五社までが国内のメガバンクで、あと外資系や商社が多いという。

元通産官僚の友人が、「後輩の中堅官僚たちの間で最近、奥さんと不仲になっている家庭が多いと嘆いているよ」と、苦笑いしながら教えてくれたことがある。それまでは、給料が安い、仕事で帰宅が遅い、でもそのうちどこかの企業か団体へ天下りして楽な生活ができるから、それまでの苦労だと思って我慢してきた、それもできないとなったのでは私の人生はどうなるの、と毎日愚痴をこぼされている、という話だ。世間からは、役人はいい思いをして偉そうにしているとみられていても、当人たちにとっては笑い事ではない、深刻な悩みであろう。

このように、官僚社会の地位の低下は、就職先を選ぶ学生たちに敏感に感じ取られ、また官僚やその家族たち自身によっても身に沁みるような悲哀をもって実感される、疑いようのない現実となっている。官僚たちにとってはまさに冬の時代である。

「官僚たちの夏」

今となっては信じられないほどだが、ひと頃までは、官僚が光り輝いていた、真夏のような時代もあった。城山三郎の小説『官僚たちの夏』が描いた通産省（現在の経産省）の官僚や政治家たちの群像は、そんな時代を象徴していた。

「風越信吾は、悠然と大臣室から出てきた」

通産省の事務次官を務めた佐橋滋をモデルにしたといわれる主人公の風越。大臣官房秘書課長という立場ながら、大臣室で通産大臣を相手に人事について雄弁をふるって出てきたところから、小説は始まる。一九六〇年代半ば、初夏を迎えるころの設定だ。

「うわさによると、きみは、どこかの課長補佐の時代から、省内人事の予想屋みたいなことをやっていたというな」

大臣がからかうようにいうと、風越は悪びれる風もなく答える。

「予想屋といわれるほどには、わたしの予想は的中して居りません」

「ほう、どうしてかね」

「わたしの予想は、通産省はかくあるべしという理想の人事をいつも並べるのでして……。むしろ、予想屋というより、理想屋というべきかも知れません」

「理想どおりに行かぬことが多かった、というのかね」

「ハイ。担当者に、人間を見る目がなかったということにもなりますか」

大臣は不快の念とともに、風越がふだん若い役人を相手に吹聴しているという言葉を思い出した。

「おれたちは、国家に雇われている。大臣に雇われているわけじゃないんだ」

風越の頭の中では、官は政に仕える存在ではなく、政と並び立つ、あるいは政をしのぐ、いやむしろ政と官を合わせてその上に立つ国士たちの集団とみなされていたのだろう。辻清明は『日本官僚制の研究』（東京大学出版会）で、明治以来の日本の官僚制の特徴として「政治構造における割拠性と支配形態における特権性」を挙げている。天皇に直属してそれぞれの行政事項を担う特権的地位の職務が官僚であり、その体質は戦後の国民主権の憲法体制のもとでもそのまま引き継がれた、という分析である。城山の小説の主人公・風越は、まさにその「割拠性と特権性」を体現した存在といえるかもしれない。

風越はその後も歴代大臣や省内、他省の関係者らと衝突を繰り返しながら、紆余曲折の末に次官ポストに就く。戦後の復興から高度成長へ、日本経済の発展を推進した通産官僚の意気込みを象徴するような活躍ぶりだった。しかしその風越も、やがて自分の理想を盛り込んだ産業振興法案の成立工作に失敗し、役所の人事も構想通りには運べなくなって、退官に追い込まれる。民間の産業が成長して保護立法を必要としない時代となり、政と官の力関係も変わりつつあった。風越の夏は終わろうとしていた。

一九七〇年代から八〇年代にかけては、政・官・業（または財）の「鉄の三角形」という言葉がよく聞かれた。政治家と官僚、そして業界が利権をめぐって強固な提携関係を構築し、これがまた自民党の長期支配体制を支える構造を形成しているという、日本政治の特質についての有力な説明だった。

「グー、チョキ、パーの三角関係」という、政治家、官僚、業界をじゃんけんに例える言い方もあった。グー（石）はチョキ（はさみ）には強いが、パー（紙）には負ける。チョキはグーには弱いがパーには強い。パーはグーには強いがチョキには弱い。政治家は官僚には強いが、政治献金や選挙で票を提供してくれる業界には頭が上がらない。官僚は業界に対して法律をタテに権限をふるえるが、人事権を握る政治家には弱い。業界は政治家に対して強い立場をとれるが、官僚の行政指導には従わざるをえない。三者それぞれがお互いに対して強みと弱みを持って、利益を分かち合っているという構図である。

三角形や三角関係というと、三者それぞれが均等の力を持っているイメージになるが、それでも当時はまだ、その中でも官僚が比較優位の立場にあるとみなされていた。官僚の人事権は政治家にあるはずなのだが、現実の運用では、各省庁内の人事は官僚が原案を作り、政治家はそれを追認する、というのが当時の実態だったからだ。

政官業三位一体の構造の中で「カネと数」を集めて実力を蓄え、首相にまで昇りつめた竹下登さんは、各省庁の幹部たちの年次や職歴をそらんじているといわれるほど、官僚の人事に精通していることで知られていた。その竹下さんとある日雑談をしていた時のことだ。ある役所の大臣が、次官人事で、本命とされていた人物を左遷して、別の人物に決めたことがあった。「ずいぶん思い切った人事をやりましたね」と私がいうと、竹下さんは「まあな。でも、無駄だろうね」と、冷ややかな表情を浮かべた。

「みていてごらん。二年か三年すれば、また元のラインに戻るだろうよ」

大臣は短命なら一年ごと、長くても二年かそこらで入れ替わる。時の大臣が代われば、役所の論理に従って、いつのまにか役所の当初構想が復活してしまうというのだ。

「大臣になって人事権を行使すると意気込んでみても、たいしたことはできんわなあ。そんなことに熱中するより、彼らをうまく使いこなすことに頭を使った方が利口さ」

空転する「政治主導」と官僚の地位低下

それがなぜ今、高級官僚たちのだれもかれもが「官邸の意向」をうかがい、「忖度」に血道をあげるようになってしまったのか。最近よく指摘されているのが、安倍内閣が二〇一四年に設置した「内閣人事局」の影響である。各省の六〇〇人にものぼる局長級幹部の人事はすべて、内閣人事局長を兼務する内閣官房副長官、というより実質は官房長官の手に、委ねられることになった。各省ごとの「割拠性」を打破して、官庁組織が内閣全体として一体で機能するようにという、「政治主導」の狙いによるものだが、これによって各省の高級官僚があげて内閣官房の鼻息をうかがわざるを得なくなったというわけだ。

これが一つの事実であることを否定することはできないだろう。ただ、「官僚主導から政治主導へ」のスローガンが叫ばれるようになったのは、もっとずっと早く、ほぼ三〇年前の、一

郵便はがき

料金受取人払

牛込局承認

9445

差出有効期間
令和3年11月
24日まで

162-8790

東京都新宿区
早稲田鶴巻町五二三番地

株式会社 藤原書店 行

(受取人)

ご購入ありがとうございました。このカードは小社の今後の刊行計画および新刊等のご案内の資料といたします。ご記入のうえ、ご投函ください。

お名前	年齢
ご住所 〒 TEL　E-mail	
ご職業（または学校・学年、できるだけくわしくお書き下さい）	
所属グループ・団体名　連絡先	
本書をお買い求めの書店 市区郡町　書店	■新刊案内のご希望　□ある　□ない ■図書目録のご希望　□ある　□ない ■小社主催の催し物案内のご希望　□ある　□ない

読者カード

書のご感想および今後の出版へのご意見・ご希望など、お書きください。
社PR誌『機』「読者の声」欄及びホームページに掲載させて戴く場合もございます。)

書をお求めの動機。広告・書評には新聞・雑誌名もお書き添えください。
頭でみて　□広告　□書評・紹介記事　□その他
社の案内で　(　)　(　)　(　)

購読の新聞・雑誌名

社の出版案内を送って欲しい友人・知人のお名前・ご住所

ご住所 〒

入申込書(小社刊行物のご注文にご利用ください。その際書店名を必ずご記入ください。)

冊	書名　冊
冊	書名　冊

定書店名　住所

都道府県　市区郡町

九九〇年前後にさかのぼるように私は記憶している。ちょうど昭和から平成へと時代が代わり、そして竹下さんがリクルート事件で首相の座から転落したころであり、それはまた、「官僚たちの夏」をへて、鉄壁のように思えた政官業の三位一体構造にも変調が生じ始めた時期と重なっている。

高度成長を遂げた日本経済は、アメリカとの貿易摩擦が個別品目の輸出入をめぐる対立の段階を超えて、行政指導や政官業関係それ自体を問いただす「構造協議」の局面に移り、そこにバブルの崩壊も加わって、大きな曲がり角を迎えつつあった。また政治の世界では、ベルリンの壁の崩壊、米ソ冷戦の終結によって、それまでの親米・反ソvs反米・親ソという保革対立の図式が消滅し、政党のアイデンティティが問い直される時代となった。

そんなところに起きたのが、一九八八年から八九年にかけて、政界だけでなく、文部省や労働省などそれまで利権などとは無縁と思われていた中央省庁の次官経験者をも巻き込む、リクルート事件という構造汚職事件だった。さらに、九二年には東京佐川急便事件、九三年には金丸信・自民党副総裁の逮捕など、政治とカネをめぐるスキャンダルが続出し、「政治改革」が政治の最大の課題として浮上した。

官庁の中の官庁と呼ばれていた大蔵省（現在の財務省）でも騒動が持ち上がる。バブル崩壊の後遺症ともいえる住宅金融専門会社の不良債権問題、いわゆる「住専問題」にからんで、大蔵省と農水省の担当局長間で農林系金融機関に有利な取扱いをする覚書が交わされていたことが表面化したり、大蔵省幹部らに対する大手銀行などの過剰接待、あげくの果ての「ノーパンしゃぶしゃぶ」事件など、不祥事が次々と明るみに出た。

「政治改革」は一九九三年、自民党単独政権の崩壊、細川護熙氏の非自民連立政権の誕生という大変動をもたらした末に、翌年、小選挙区比例代表並立制の導入を柱とする政治改革関連法案の成立でひと区切りついたが、それに代わって与野党あげての大合唱となったのが「官僚バッシング」だった。不祥事の追及は次第に「強すぎる官僚」批判、「官主導政治」への批判、橋本龍太郎内閣による省庁再編の「行財政改革」へと発展していった。「政治倫理の確立」から始まった改革の機運は、こうして「官僚支配の政治」の糾弾に変貌を遂げるに至った。

この「官僚依存政治」の変革を徹底的に追求したのが、二〇〇九年に誕生した民主党政権である。鳩山由紀夫首相は就任後初の所信表明演説で、冒頭から「戦後行政の大掃除」を宣言、「これまでの官僚依存の仕組みを排し、政治主導・国民主導の新しい政治へと一八〇度転換させる決意を表明した。それも具体的に、「各省庁における政策の決定は、官僚を介さず、大臣、副大臣、大臣政務官からなる『政務三役会議』が担う」として、官僚への「依存」の改善にとどまらず、官僚の「排除」を断行する方針を明らかにし、その第一弾として「事務次官会議」の廃止に踏み切った。

実際、翌日からは、自民党政権時代に編成した予算の全面的洗い直しに着手し、役人出身で行政経験のある副大臣や政務官らが徹夜で電卓やパソコンを打って予算修正作業に取り組む光景や、「事業仕分け」と称して前政権の各省庁の予算編成担当者を呼んで糾弾する場面が、連日のように展開された。

官僚をコントロールするのは政治家として当然のことだが、官僚を排除してしまったら、行政機関がまともに動くはずがない。こうして民主党政権はたちまち機能マヒに陥り、二〇一一年三月十一日の東日本大震災における大混乱（菅直人内閣）に代表されるような最悪の事態をもたらすに至った。政権担当経験に乏しい未熟さが生んだ悲劇といってしまえばそれきりだが、行政という国家の機能、官僚組織の役割などについての、あまりの無知ぶりには驚くほどだ。

二〇一二年、短命に終わった民主党政権に代わって登場した自民党の第二次安倍晋三内閣は、官僚を排除するのではなく活用する方向で軌道修正を行ったが、安倍内閣自体も第一次政権時代から「官僚主導から政治主導へ」の転換を基本方針にしていた点では、民主党政権、あるいはそれ以前の自民党政権時代とそれほど変わらない。違うのは、「政治主導」という場合の「政治」が、安倍内閣では、政党や政治家ではなく「首相官邸」のリーダーシップを意味していたことだ。「内閣人事局」の創設もその一環で、各省の縦割り（割拠性）体質を打破して、官邸の総合調整機能を発揮できるようにするためだったろう。

その構想は決して間違ってはいない。そもそも、「官僚叩き」を自ら招くような過剰接待や腐敗堕落の不祥事を引き起こした官僚組織のゆるみたるみが、第一に責任を問われなければならないのは当然だ。ただし、官僚組織の規律を回復をさせることなしに、あるいはそれはあと回しにして、官僚を「官邸の意向」に従わせることを優先させるようになったのでは、本来の「政治主導」にはならない。まして首相の側近たちが首相の意を忖度して役所に対して権力を揮うようになっては、合理的であるべき官僚組織を逆に歪めることになってしまう。

意図は正しくても、結果がその通りにはなるとは限らない。それどころか、もっと悪い結果をもたらすことさえある。マックス・ウェーバーは『職業としての政治』の中で、そうした政治の逆説を、こう述べている。

「善からは善のみが、悪からは悪のみが生まれるというのは、人間の行為にとって決して真実ではなく、しばしばその逆が真実であること。……これが見抜けないような人間は、政治のイロハもわきまえない未熟児である」

第5章

政治改革の功罪

衆院予算委リクルート集中審議で答弁する竹下登首相
(1989年2月20日)　(提供：読売新聞社)

「政治改革」が叫ばれるきっかけとなった「リクルート事件」

「政治改革」という言葉は、いまでは当たり前の普通名詞のようになってしまったが、それほど古くから使われていたわけではない。私が政治記者として政治の現場取材に走り回っていた一九七〇年代から八〇年代の自民党長期単独政権時代は、総裁選のたびにカネが乱れ飛ぶ派閥争いがさかんで、そうした金権政治を批判する場合のスローガンは「党改革」や「政界浄化」だったし、それ以前は「派閥解消」や「党近代化」が叫ばれていた。またそれらのスローガンは、資金力に恵まれた主流派勢力に対する反主流派の攻撃手段という政治的思惑を帯びた、党内抗争の一環として使われていた。党が一致して「政治改革」を叫ぶようになったのは、一九八八年から八九年にかけて政界を揺るがせたリクルート事件がきっかけだったように思う。

政界、官界、経済界などの有力者の多くが関与したこの事件は、その規模の大きさや底の深さ、そして未公開株を安値で引き受けてもらう形で上場後に高値の売却益を提供するという、商取引の形式を使った新手の贈収賄事件という点でも、かつてない空前の大事件となった。

一九八七年十一月に、満を持して政権の座についた竹下登内閣は、何をやるにも周到な計算と根回しによる政局運営で、自他ともに長期政権間違いなしと信じられていたのだが、この事件をきっかけに支持率は急降下、八九年四月にはわずか数パーセントにまで落ち込んでしまった。

それまでも、一九七四年の田中金脈事件、七六年のロッキード事件などの金権腐敗スキャンダルのつど、国会では政治倫理綱領や行為規範の制定、政治倫理審査会の設置といった政治倫理の確立への取り組みが行われていたが、とてもその程度のことでは事態は収拾できそうもない。ということで竹下首相は、自民党に「政治改革委員会」（会長は中曽根内閣で官房長官を務めた後藤田正晴）、首相の私的諮問機関として「政治改革に関する有識者会議」（座長は林修三・元内閣法制局長官）を新たに設置、政府の第八次選挙制度審議会と合わせた三本柱で「政治改革」に取り組むという積極姿勢を打ち出した。

党の政治改革委は一九八九年五月二十三日に発表した「政治改革大綱」で、次のように決意を表明した。

「いまこそ事態を率直に認識し、国民感覚とのずれをふかく反省し、さまざまな批判にこたえ、『政治は国民のもの』と宣言した立党の原点にかえり、党の再生をなしとげて国民の信頼回復をはたさなければならない」

そして「改革の方向」として、政治倫理の確立は個人の自覚や自己規制だけでは十分でなく、「多額の政治資金の調達を強いられる政治の仕組み、選挙制度」の改革に取り組む必要があるという見解を示し、「諸問題の多くが現行中選挙区制度の弊害に起因しているとの観点から、これを抜本的に見直す」と述べたうえ、「小選挙区制の導入を基本とした選挙制度の抜本改革」を宣言した。

中選挙区から小選挙区へ

中選挙区制度は一つの選挙区から三人から五人の当選者を出す仕組みで、同じ政党の複数の候補者同士が議席を争うことになるため、有権者への利益誘導の競争やカネのかかる選挙をもたらし、金権政治、派閥争い、政治腐敗の温床となってきたという指摘は、かねて政治学者やジャーナリストらから提起されていたことで、事実として正しい。そしてまたこのリクルート事件は、前述したように、単発的、個人的な贈収賄ではなく、政官業全体を巻き込んだ構造的な腐敗体質が表面化したものであって、「党改革」や「綱紀粛正」といった次元にとどまらず、政治全体のあり方が問われる事態だから、改革の努力は「政治」そのものの「改革」にならざるを得ない。自民党の大綱が正面きって「政治改革」をうたうようになったのも、当然の成り行きだったといえよう。

政治学者の京極純一は早くから、金権政治は「ひとつのシステムとして捉えなければならない」と強調していた（『日本人と政治』東京大学出版会）。金権政治には、（1）政治にカネがかかる、（2）政治でカネを儲ける、（3）カネで政治を動かす——という三つの側面があって、これらを混同してはならないし、同時にまたそれらが相互に関連し合っている構造に着目しなければならない、という主張である。

政治にカネがかかることは間違いない。とくに、他党との争いではなく同じ政党の候補者同士が競争する中選挙区制のもとでは、候補者は地元でそれぞれが後援会を組織し、票固めをしなければならず、そのためにはより多くの資金が必要になる。その資金をどこから調達するか。自分で稼ぐといっても限界がある。多くは企業や団体などからの献金に頼ることになるが、そのためには陳情などに対して予算の配分や許認可など、政治力を使って見返りの利益を提供することが常態化する。そうして獲得した政治資金は、自分の選挙だけでなく仲間を増やすための工作資金としても使われ、自身の政治力の強化につながる。

「こうして、政治資金の調達、政治資金の分配、政治資金の消費の各局面を通じて、ますます大量の金を投入する金権政治が、ひとつのシステムとして、動いてきたわけである」

実態はまさに京極の分析通り、中選挙区制が大きな弊害をもたらしてきたことは間違いない。ただ、そうした利益誘導型の選挙が自民党の政権基盤の強化につながり、長期一党支配体制を支えてきたわけだから、その自分たちの基盤である制度を自ら壊すような改革には極めて消極的というのが、それまでの自民党の立場だったはずだ。それが「大綱」で、「選挙区制の抜本改革は、現行制度のなかで永年過半数を制してきたわが党にとって、痛みをともなうものである。しかしわれわれは、国民本位、政策本位の政党政治を実現するため、小選挙区制の導入を基本とした選挙制度の抜本改革にとりくむ」と、党議決定をもって制度改革の決意を断言したのだから、画期的な出来事だったというほかない。

選挙制度をめぐる政局の混迷

それほどまでにリクルート事件の衝撃が大きく、自民党全体が深い反省と改革の決意に燃えたとみるべきなのか。それとも、選挙制度改革がいかに難しいかを知っている自民党のことだから、制度改革論議を高めつつ時間をかせぎ、野党や世論の、リクルート事件をめぐる政治責任追及の矛先をかわす戦術だったのか。この時点ではどちらとも判断しにくいところだったが、かりに後者の思惑が本音だったとしても、竹下首相は大綱発表から一〇日後の六月三日には総辞職に追い込まれ、政権維持の期待は消し飛んでしまった。

しかも、いったん中選挙区制の廃止を自民党が打ち出した以上、選挙制度改革は政界の最大の争点として、逃げも隠れもできない課題となった。また大綱は、「多額の政治資金とその不透明さ、不合理な議員定数および選挙制度、分かりにくく非能率な国会審議、派閥偏重など硬直した党運営」をトータルに改革することを自らに課したものだったから、総論には賛成であっても、いざ各課題の具体化となると難航は必至で、政界は大揺れとなった。

加えて、竹下辞任のあとを受けて登場した宇野宗佑首相が女性スキャンダルなどで短命に終わり、バブル崩壊、佐川急便事件なども絡んで、自民党内では内紛が勃発した。宇野後継の海部俊樹内閣、その次の宮沢喜一内閣はいずれも政治改革の実現をめざしたが、反対派の抵抗は根強く、党内は「改革派」と「守旧派」が真っ向から対立する状況となった。

興味深いことに、党内で改革推進の急先鋒に立ったのは竹下派幹部の小沢一郎氏、反対派は同じく竹下派幹部の梶山静六氏と、どちらも竹下派の主要メンバー。改革の是非と、竹下退陣後の竹下派内の主導権争いが絡み合って、政治改革が生臭い政局マターの色彩を帯びる複雑な展開となったが、他方で、社会的関心の高まりから、与野党の垣根を越えて若手議員たちが「政治改革を実現する若手議員の会」を作ったり、民間では社会経済国民会議の呼びかけで「民間政治臨調」（政治改革推進協議会）が創設されるなど、大きなうねりに発展した。

民間臨調は、「政党や国会議員にまかせていたのでは政治改革は絶対に進まない。かつての土光臨調のように国民の共感をえられる強力な推進組織をつくり、国民的な運動を展開する時期にきている」という危機感から、経済界、労働界、言論界など各界から七〇人近くが、また与野党約一〇〇人の若手議員も参加して、九二年四月に発足した。会長は亀井正夫・住友電工相談役、特別委員には平岩外四・経団連会長らが就任し、私も新聞界の先輩記者の要請で委員として参加することにした。

選挙制度に関して私は、必ずしも小選挙区制論者ではなかった。選挙制度に唯一絶対はない。その証拠に、欧米各国どの国をみても、選挙制度はまちまちだ。完全無欠な制度があるなら、選挙で議員を選ぶ議会制の国はどこも同じ制度を採用するはずだが、そうはなっていない。大別すれば比例選挙に重点を置くか小選挙区制かに分かれるが、具体的なやりかたは国によって微妙に異なっている。

比例型は有権者の意向を鏡のように反映させるのには適しているが、小党分立になりやすく政局の安定が得られにくい。小選挙区制は逆に安定政権を作るには適しているが死票が多く、少数意見が反映されにくいという問題点がある。その点、中選挙区制は、その中間的な要素を兼ねているという利点があり、戦後いくつかの制度の変遷をへたうえで採用されたものだったが、現実には、前述したように弊害の方が目立つに至っている。

選挙制度に限らず、どんな制度や組織形態でも、最善と思って採用したものが時間の経過や社会情勢の変化によって、利点より欠点が目立つようになるというケースが少なくない。だから、たえず見直しと改良の努力が必要だということになる。中選挙区制の恩恵をこうむってき

1989年11月創立　1990年4月創刊

月刊
機
2021
2
No. 347

発行所　株式会社 **藤原書店**©
〒一六二―〇〇四一　東京都新宿区早稲田鶴巻町五二三
電話　〇三・五二七二・〇三〇一（代）
FAX　〇三・五二七二・〇四五〇
◎本冊子表示の価格は消費税抜きの価格です。

編集兼発行人
藤原良雄
頒価　100円

新型コロナ禍の日本へ、今、森繁久彌さんの言葉が甦る！

故・森繁久彌さんの予言

――「アニサキス」（全著作〈森繁久彌コレクション〉第一巻所収）より――

▲森繁久彌（1913-2009）

森繁久彌さんが亡くなって早や十年余の歳月が経った。小社では、俳優にとどまらず歌、作曲、書画、随筆など多方面で活躍した〝最後の文人〟の著作を集め、二〇一九～二〇二〇年にかけて、全著作〈森繁久彌コレクション〉全五巻として刊行した。この中に、恐るべき〝予言〟が収録されていると読者の声が寄せられた。本号では、この〝予言的〟エッセイの全文と、産経新聞編集委員桑原聡氏の寄稿を掲載する。

編集部

● 二月号目次 ●

アニサキス

森繁久彌

＊『全著作〈森繁久彌コレクション〉』第一巻「道—自伝」所収

アニサキス
そは南方に咲きこぼれる
妖しき花なりや
国手《いしゃ》は
われを裸にし　腹を真っ縦に
ズバリと割き　臓腑をかき廻し
やっと一寸ほど
一匹の虫を見つけたり
人　この虫を呼んで
アニサキス　という
ただ　それだけのことなり
虫は　あえなく息たえて
われもまた　あえぐ日夜に懊悩せり
ようやく師走　一年は終らんとす

鮨屋も、とっておきの活きのいい鯖を食わせてくれたのに、こんなことで悩ませてはかわいそうなことだ。ただ最近はグルメばやり美味直送とやらで、十分にしめることもなしに、海からとれたての鮮魚が店頭にならぶ。

このアニサキスも胃袋の中だけで暴れるなら、胃カメラで覗きながら引っぱり出してコトは終るのだが、何を間違ってか小腸にまでもぐりこみ、所かまわず嚙み放題、ついに腸閉塞を起こさせれば最早これいかにせん。私のような情けない始末になる。

獅子ではないが、身中一匹の野卑《やひ》きわまる虫を見ながら、この切り取られた腸を見てホゾを嚙んだ。その時看護にきた娘が驚嘆したように叫んだ。

「あらー、パパ、この虫、生意気にも胃袋があるワ」

私は胃袋の切り疵が痛くて笑えなかった。

手術室に向う車《ストレッチャー》の上で、昔の武士の切腹をひかえた心境にも似て静かに瞑目したが、実は意外と不安だった。

「ハイ、今から麻酔を入れます、大きく息を吸って……」

それは聞こえた。でもあとは夢の中だ。ところが医者に聞くと、何とまあそれから喋り続けていたそうだ。

「……次は三幕目だが……」

「そこを早く——違うなあー」

何を夢見ているのか——。

その他、家人に聞かれても困る数人の女名前も出たよし、でも誰も教えてくれない。こんなアヤフヤな時間があろうとは、獅子もクソもただ何とも後味の悪いものである。

　私の入院したのは第二日赤という名古屋で一、二をあらそう大病院である。初めての長期入院でこういった大病院の事情は見るもの聞くもの面白かった。この病院は、まず明るくて親切なのだ。ベッピンの看護婦さんばかりが入れかわり立ちかわり私をかまう。鼻につかぬ心くばりが、なべてあたたかい。これだけでも及第だ。お医者さんは、これがまた赤ヒゲ風で、身を粉にして診療に当られるのには頭が下った。

「そりゃモリシゲさんだからでしょう」の声もあるが、いやウソだと思われるなら入院してごらん――といいたい。病院のいい悪いは院長や幹部の心情によって決るとみえる。

　腹の調子がよくなった一夜、私はナース・ステーションでこんな歌、知ってるかい――とそっと唄ってみた。

〽火筒《ほづつ》の響き遠ざかる
　後には虫も　声立てず
　吹き立つ風は　腥《なまぐさ》く
　　紅《くれない》染《そ》めし草の色

　真白に細き手を伸べて
　流るる血汐《ちしお》洗い去り
　巻くや繃帯白妙《しろたえ》の
　衣の袖は　朱《あけ》に染み

　味方の兵の上のみか
　言《こと》も通はぬ　あたまでも
　いと懇《ねんご》ろに看護する
　心の色は　赤十字

これはあなた方、赤十字の歌だよ。
白衣の天使たちは、ただ口をあけて聞き惚れるばかりであった。もっともなことだ。これは明治も日清戦争の時の、婦人従軍歌である。

　このアニサキス小事変で、誰が儲けたか、皆、大損小損、大変な迷惑をかけた。ただニッコリ笑ったのがいる。誰あろう鮨屋と花屋である。まず勲二等でお祝いの花、それが早速、御見舞でダブルヘッダーだ。続いて快気祝と――推定ウン百万の花が私の身辺を埋めた。いやはや、もの入りをかけた。

　七十五回目の桜がまた見られるのだ。

ただ、ひと言――。

**　二十一世紀の或る日、私たちはアニサキスのような目に見えるものでないミクロの世界の――それもエイズやB型肝炎の数百倍も強い豪敵に攻められ、人類の大半はあえなく全滅させられるのではないかと、ひとり慄然としたことだ。**

森繁久彌さんの予言

産経新聞文化部記者　桑原　聡

「オヤジの書いた随筆の中にびっくりするような一節があったんです。そのことをお伝えしたいと思いまして」

新型コロナウイルスが世界を混乱に陥れた二〇二〇年の暮れ、唐突にこんな連絡をいただいた。

連絡の主は森繁建《たつる》さん(七十八歳)。オヤジとは、二〇〇九年に九十六歳で亡くなった俳優にして文人の森繁久彌さんだ。

くだんの随筆のタイトルは「アニサキス」。二〇一九年に刊行された「森繁久彌コレクション全五巻」の第一巻『道──自伝』に収められている。次男の建さんは刊行にあたって原稿の分類や編纂に協力したものの、この一節に気付くことなく、少し前に知人から「おい、こんな一節があるぞ」と教えられたという。

日本人の多くがバブル景気に浮かれ、その一方でエイズを恐れてパニックすら発生していた一九八七年、七十四歳の森繁さんは鮨屋でアニサキスが寄生した鯖を食べて腸閉塞となり、御園座の舞台を降板、開腹手術を受けるはめになった。

無事に回復した森繁さんは、白衣の天使とのやりとりを交えながらいつものモリシゲ節で自身の体験を軽妙に綴り、《七十五回目の桜がまた見られるのだ》と随筆を着地させる。その直後だ、唐突に《ただ、ひと言──》と前置きして次の一節を書き加える。

《二十一世紀の或る日、私たちはアニサキスのような目に見えるものでないミクロ世界の──それもエイズやB型肝炎の数百倍も強い豪敵に攻められ、人類の大半はあえなく全滅させられるのではないかと、ひとり慄然としたことだ》

「個人的な体験をいつもの調子で綴りながら、最後にいきなりこの一節でしょう。コロナが世界を攻め続ける現在の世界を予言しているようで驚いてしまいました。オヤジが当時どんなつもりで書いたのか、私には見当もつかないんですよ」と建さん。

バブルとエイズの時代、舞台降板、開腹手術、老いといった要素が重なって、こんな終末論的な考えが生じたと捉えることもできるだろうが、それだけではすまない何かを感じてしまう。

森繁さんの真意は奈辺にあったのか。何かヒントはないかと、同巻に収められている「森繁自伝」をじっくり読んでみた。忸怩たる思いが底を流れる味わい深い作品である。森繁さんを森繁さんたらしめた諧謔や韜晦といった芸は、忸怩たる思いの泥沼でもがき、そこから抜け出すために身に着けたものだと強く感じた。そのうえでこの一節を読み直してみると、明らかに異質なのだ。はっきり言おう、ここには芸がない。

　誤解を恐れずに言えば、霊感に衝き動かされて思わず書いてしまった、そんな印象を受けるのだ。「ク・セ・ジュ」（われ何をか知る）で知られるフランスのモラリスト、モンテーニュ（一五三三〜一五九二年）は、『エセー』第一巻十一章「予言について」の中で、霊感を徳と知恵との不断の練磨によって鍛えられた魂から発する一種の意志の衝動である、と説明し、次のように記している。

《人は誰でも、それぞれ心のうちに何かそのように立ちさわぐ影のようなものを感じる。それは偶然迅速猛烈に浮かびでる一想念の余響である》（関根秀雄訳）

　モンテーニュ自身は、自分の知恵よりも霊感に信を置いて生き、その結果、得をし、幸福な人生を送ってきたと述懐している。もちろん、不断の練磨によって鍛えられた魂あってこその話だろう。

　森繁さんが書き加えた一節は、モンテーニュのいう「偶然迅速猛烈に浮かびでた一想念の余響」、そう考えるのがもっとも自然ではないだろうか。かりに森繁さんに「真意は」と尋ねることができたとしても、「そう問われても自分でも分からんなあ。あえて説明するなら、それは『神意』だったのかもしれませんな。人類よ、生き方を考え直せという」。そんな答えが返ってきそうな気がしてならない。

大規模なワクチン接種が始まろうとする今こそ、必読の名著！

ワクチン いかに決断するか

――1976年米国リスク管理の教訓――

西村秀一

インフルエンザ・ワクチン事件

一九七六年、フォード政権下のアメリカ、ひとりの新兵が豚由来のインフルエンザウイルスで亡くなった。一九一八年のスペイン・インフルエンザの再来を恐れる公衆衛生当局者が、大統領に全国民二億人以上へのワクチン接種を進言。大統領は決断を下し、史上最大のワクチン接種事業が実施された。だが、ギラン・バレー症候群などの副反応事案や、まぎれ込みによる有害事象が多発。事業は中止された。そしてインフルエンザの大流行も実際には起きず、厚生行政の汚点となった。本書は、この一大事件について、行政内部の意思決定の過程を詳細に検証した報告書（レポート）をベースに、さらにこの出来事を将来への教訓として生かすための工夫を追加し、一般向け書物にした本の邦訳である。

ニュースタットは、ハーバードのケネディ行政学大学院で長年教鞭を執った米国を代表する政治学者、ファインバーグは、ハーバードの医学部でMD、ケネディ行政学大学院で修士の学位を取得した、医学領域における意思決定の分析という特異な領域でのエキスパートである。

新型コロナにおけるワクチン問題

新型コロナウイルス感染症は、二〇二〇年にはパンデミックとなって世界中に被害が拡大し、これに対する切り札としてさまざまなワクチンがつくられ、現実的社会的ニーズの高まりから実用化が急がれた。だが、多くはこれまでのワクチンと製造法が異なっており、開発期間が短く、臨床試験も大急ぎでかなりの短期間でなされた。その試験結果をもって、また異例とも言える速さで各国が認可し、接種を始めている。ただ、その効果はいかほどなのか、これから判明してくる効果がインフルエンザ・ワクチンのそれと比べてどうなのか。期待への充足度の評価が定まってくるのは、これからだ。

一方、こうした緊急的なワクチン接種

で生じる懸念の最大のものは、いわゆる**「副反応」である。それには、真の副反応と一見副反応に見える偶然の有害事象が起きるいわゆる紛れ込み事象の、ふたつがある。**前者に関する懸念は接種前から話題になることがある。臨床試験で副反応の種類と規模が拾いきれているかということ。とくに臨床試験の期間が短い場合、長期的に起きるかもしれない副反応については調べる術はない。また接種規模が全国民規模ほど大きくなると、臨床試験の対象者の人数サイズでは予見できなかった副反応が出てくるかもしれない。接種後、そうした事例を遅れることなく拾い上げるシステムが必要となる。

一方後者については、接種前に話題にされることはほとんどなく、接種後に起きる問題である。だが、たとえ紛れ込みであっても、副反応でないことを即座に断言するのは不可能であり、情報の発信側や受け取り側がそれらへの対応を誤れば、その結果起きることはワクチンへの不信感の増大であり、その先に待っているのはもっと大きな行政不信である。よって、「副反応」に関する国民への事前説明は周到になされるべきであり、また、もしまだ流行が起きていない段階であれば、新たなワクチンを接種するとしても、それは自分たちにもそれが起きる蓋然性が確実に高まったときである。本書に示された事例は、それを雄弁に語っている。

今回のように現実的にパンデミックが起きて被害が広がっているとき、ほかに特効的選択肢がなければ、ワクチンに対する期待は大きい。あとは打つかどうかである。人々は、自分の将来を新しいワクチンに託すかどうかの決断を迫られる。まさにそのとき、そのワクチン接種で期待されるベネフィットと副反応のリスクを天秤にかけねばならず、一般の人々にとってそのための適切な説明、それを報道する側に対する丁寧な説明が必要である。

（本書より。構成・編集部）

（にしむら・ひでかず／ウイルス学）

R・E・ニュースタット（上）
H・V・ファインバーグ（下）

経済は、生命をどう守るのか⁉　緊急書き下ろし・緊急翻訳出版‼

パンデミックは資本主義をどう変えるか
――健康・経済・自由――

レギュラシオン経済学者　ロベール・ボワイエ

新型コロナとグローバリゼーションの後退

二〇一〇年代の末、グローバリゼーションはすでに足踏みをしているように見えた。というのも、世界貿易はもはや世界的成長の原動力ではなくなり、国際資本移動は鈍化し、世界経済開放の推進者であったアメリカは「各国は自分のために」戦略へと転換したからである。これはとりわけ中国に対して、だがしかしヨーロッパに対しても、公然たる保護主義的政策をとることを意味する。アナリストたちは、第二次世界大戦以降で最長の経済拡大局面が続いたという強靭性に驚き、遂には、これほど非典型的な推移を理解すべく、トランポノミクスという用語を作り出すまでになった。

誰もが驚いたことに、その追従者の表現を借りるならば幸福なるグローバリゼーション時代の終焉を画したのは、武漢市で検知され最初は季節性インフルエンザ・ウイルスと同じものだとされていた、遠来のウイルスであった。実際、このウイルスは急速にまずヨーロッパに、次いで南北アメリカ大陸に伝播し、その後また第二波がヨーロッパを包みこんだ。アジアを除いて、多くの政府はパンデミックの予防やこれとの闘いの準備ができていなかったので、破局的事態のなか、エッセンシャルでないすべての経済活動の停止を決定した。経済的損失の膨大化に直面して、政府は巨額な経済活動支援策を決定し、その際、かつて欧州中央銀行によるユーロ救済を可能にした合言葉――「いかなる犠牲をはらっても」――を前例なき規模で繰り返した。こうした諸政策はＧＤＰの低落や雇用の収縮を止めたが、正常状態に復帰させることはできなかった。なぜなら、経済的利害関係者だけでなく、移動の自由という民間人からの要請にも応えて、社会的距離《ソシアル・ディスタンシング》をとるという措置が緩和されるや否や、感染はいっそう勢いをましたからである。

こうして世界経済はまったく未知の領域に突入した。つまり、封鎖措置の同時性、各国景気局面の同期化、保護主義的対立の拡大、国際システムの分裂リスクを抑えられない国際諸組織の機能不全、富国ならびに貧国における貧困の再来といったことである。アナリストや政策決定者は突然に、各国の自律性を危うくするような前例なき相互依存を自覚するようになった。こうしたメッセージは、すでに気候変動の認識から引き出されていたはずのものだが、**まさにパンデミックのうちに含まれる激烈な変容によって、課題の重大さに見合う統治機構の構築なきグローバリゼーションの構造的危機が指し示されることになった。**結局、あらゆる資本主義がこれによって直接かつ不均等に悪影響を受け、それら資本主義の構図再編は、新型コロナの持続的根絶の可能性にかんして、不確実だとの刻印を押されるのである。

▲R・ボワイエ（1943-　）

新自由主義の失墜と国家の復権

このウイルスはまた、経済理論、イデオロギー、経済政策、統計制度を介したこれらの道具的利用の領域でも決定的な一時代を画している。

事実、早々に分かったことは、経済はパンデミック以前の均衡に自動的には復帰しないだろうということであり、それだけに、顧客‐生産者の対面や諸個人の自由な移動を基盤としたあらゆる部門は、その持続性が危ぶまれている。その結果生ずる部門間接合の解体は一連の悪循環を引き起こし、この悪循環は構造的な安定均衡の存在を前提とする集計モデルなるものを無効化する。新しい古典派のマクロ経済学よ、さらば。公債爆発が持続可能でないことを強調する以外は、これら論者たちは見事なまでに沈黙を守っている。彼らは成長再開の手段について決して意見を述べることはないのである。

（後略　全文は本書所収　構成・編集部）

山田鋭夫・平野泰朗訳（Robert BOYER）

米アカデミズムは今、中国をどう見ているのか⁉ 最新の中国論。

いま、中国の何が問題か？

――ハーバードの眼でみると――

ハーバード大学フェアバンク中国研究センター所長
マイケル・ソーニ

今、知りたい〝中国〟

本書には世界トップレベルの中国専門家による三十六篇のエッセイを収めたが、これは当初、二〇一六年のハーバード大学フェアバンク中国研究センター創立六十周年を記念して企画された。**当センターは、世界の中国研究をリードする分野横断的学術機関の一つであり、中国に関する公共の言論に貢献することを、常にその責務の一つと考えてきた。**

共同編者のジェニファー・ルドルフ教授と私、そして当センターの前所長だったマーク・エリオット教授はこの企画を、フェアバンク・センターの学術研究を読者と幅広く共有するための新しい手段と捉えた。つまり中国専門家ではないアメリカの読者が知りたいと思うことは何かを各執筆者に考えてもらい、その答を短いエッセイにまとめてもらおうとしたのである。執筆者は全員がハーバードの教授陣か、フェアバンク・センターと密に関わる学者だが、彼ら専門家が生涯を捧げる学術研究をアクセス可能なフォーマットに煮詰めてもらいたかった。大げさでなく、この本には数百年分、いや、数千年分の知恵がこめられている。

米中関係の悪化と大統領選

いま後知恵だからこそ分かるのは、この本の出版が、世界で最も重要な二国間関係である米中関係が悪化に向かい始めた時期と重なったということだ。この状態は今回の米大統領選に影響されるかもしれないが、それが根本的に覆ることはあるまい。アメリカは米中間の問題全域にわたってより厳しい対中政策をとる必要があること、また包括的・建設的関与という長期政策は断念こそしないにせよ、調整されねばならないことは超党派的な合意点であり、それはバイデンも共有している。これから発足するバイデン政権は、中国に対してよりきめ細かく、細心な戦略をとり、何であれ中国に出費を課せばアメリカを利することになるといった狭い見方を排除し、たとえ競争の枠組みが広がっても、協力するにふさわしい分野をその中で模索するようにしてもらいたい。

本書の序で私は、両国間には貿易赤字に匹敵するほどの「理解の赤字」があると書いた。私の経験からして、このことはアメリカだけではなく、ほかの国々にも当てはまる。残念ながら、中国国内で最近行なわれている国際メディアの活動制限、そして情報流通への統制強化によって、この赤字は縮まるどころか拡大しているようだ。中国問題は今回の米大統領選で大きなテーマではなかったが、

J・ルドルフ（上）、M・ソーニ（下）

選挙運動中の中国をめぐる言説で明らかになったのは、中国についてかなりの誤情報があるということだった。

歴史、複雑さ、そして未来へ

私たちが本書にとりかかったのは、ちょうど四年前のことだった。それから一年後の二〇一七年末に英語原書が出た。そのあと中国、アメリカ、世界に起きた変化によって、この本はまさに歴史的意味を獲得したのかもしれない。つまり米中関係が大きく転換する時点でアメリカの中国専門家が中国についてどう考えていたかを捉えたスクリーンショットと言えよう。しかし、ここに示された執筆者たちの観点は現実的な意味を失っていないし、中国とその国際的役割への理解にとって重要でありつづけていると思う。

当初、本書の序で私は大きく異なる三十六のエッセイが伝えようとしたことを、三つの短いメッセージにまとめてみた。つまり、**中国理解には「歴史が大切、複雑さが大切、未来の課題が大切」である。**このメッセージはいまだに有効だと思うし、日本語版によって日本の読者がこの隣国への理解を深められることを望んでいる。**日本語版の翻訳中にエズラ・ヴォーゲル氏が亡くなった。氏のエッセイは「日中は果たしてうまくやれるのか？」と問う。国際緊張が高まり、国際協力が喫緊の課題である今、この問いはかつてなく重い。**（本書より／構成・編集部）朝倉和子訳

（Michael Szonyi／ハーバード大学教授）

中国の何が問題か？
ハーバードの眼でみると
J・ルドルフ／M・ソーニ編
朝倉和子訳
A5判　三三六頁　三〇〇〇円

"真の国際人"の全体像を描く決定版評伝——新版刊行に寄せて

新渡戸稲造と渋沢栄一

拓殖大学名誉教授　草原克豪

初版から八年半を経た今日、世界は大きく変わった。グローバル化の進展に伴い、その行き過ぎの反作用として、今では極端な自国中心主義すら唱えられる時代になった。日本を取り巻く国際環境も大きく変わった。中国、韓国、北朝鮮、ロシアなど近隣諸国との関係においても、過去の歴史を正しく理解したうえで対応しないと判断を誤ってしまう。

新渡戸稲造は、国際情勢を的確に把握しながら、国内では独善的な強硬論を抑え、海外に向かっては日本の主張を敢然と発信した。その結果、考えを異にする人からは批判された。しかし大局観をもった良識ある人たちは理解してくれた。その根本には、誰にも誠意をもって接し、社会のために尽くす彼の高潔な人格があった。だからこそ、日本を代表する国際人として海外からも高く評価されたのである。現代に生きる私たちにとって、新渡戸という国際協調主義者の生き方から学ぶべきことは少なくない。

新版の刊行に際しては、全般にわたって記述の正確を期したほか、歴史的背景についての説明を補った。特に日米親善や国際関係の改善にともに取り組んだ渋沢栄一との関係について補足的な説明を加えた。

渋沢栄一は「日本近代資本主義の父」と呼ばれるように、多くの企業や社会福祉団体の設立に関わり、近代日本の商工業の発展に重要な役割を果たした人物である。だがそれだけでなく、実業界の代表として民間経済外交を展開し、日本の国際関係の改善に積極的に取り組んだ人物でもあった。このことは残念ながら今日ではあまり知られていない。だが戦前においては、彼こそは、新渡戸と並んで日本を代表する国際協調主義者としてその名を海外にも知られ、一時はノーベル平和賞の候補にも挙がっていたのである。

新渡戸は日米関係が悪化するなかで日米交換教授として一年間アメリカ各地で講演し、アメリカにおける日本理解および日本研究の進展にも大きく貢献し、それを機に、渋沢との親交を深めることになった。そして二人は日米親善はもちろんのこと、広く国際平和のために互いに協力し合う仲となったのである。そうした二人の関係について初版ではあまり触れられなかったが、この際、丁寧に説明することにした。

（「新版への序」より。構成・編集部）

時代と格闘し、新しい世紀の日本と世界を担う未来の論客へ！

第16回 河上肇賞 受賞作決定

既報の通り第一六回「河上肇賞」（主催＝藤原書店）は、厳正なる選考の結果、下記の受賞作が決定しました。本号では選考経過を抄録します。（事務局）

本年は、下記二作品を対象として最終選考が行われた。

内藤作品については、前提として、たいへん詳細に調査された内容の充実ぶりについては委員の意見が一致した。

作品の問題意識・批評性について、「世相史・社会風俗史にとどまるのではないか」（新保委員）、「図鑑・図録のような印象。もっと闘っている議論がほしかった」（三砂委員）という意見がある一方で、「切手を切り口とした、東京五輪をめぐる政治学と読んだ。オリンピックの背景にある政治のうごめきを切手を通じて読み解き、今回の五輪を考える糸口になっている」（橋本委員）、「前回東京五輪についての著作は、競技・競技者についてのもの、オリンピックを背景にした個人史が多い中で、独自の視点である『郵便学』から社会・政治・経済的な環境を炙り出している」（田中委員）と、作者の問題意識を汲み取る評価があった。

小川作品については、「日本が元気だっ

本賞

『東京五輪の郵便学』

内藤陽介 氏（ノンフィクション作家、郵便学者）

●作品概要　一九五〇～七〇年代、切手（収集）は日本の社会構造の中で大きな存在感を有した。六四年東京五輪とその時代を、当時の“切手ブーム”を軸に再構成することを試みる。

奨励賞

『世界標準研究を発信した日本人経営学者たち』

小川 進 氏（神戸大学大学院経営学研究科教授）

●作品概要　世界で被引用数4位までに入る伊丹敬之・野中郁次郎・藤本隆宏ら日本人経営学者が「世界標準研究」を生み出すまでを、複数の研究からなる一連のものとして記述する。

＊肩書は授賞決定時。
＊作品概要は提出された梗概を元に編集部で作成しました。
＊本賞受賞作は小社より公刊、および受賞者に記念品（楯）を贈呈いたします。

た時代に世界に出て行った経営学者たちが、どのように世界と接点を作り研究をしてきたのか。読み物としては面白く読めた」（赤坂委員）、「国際的に評価された日本の経営学研究が海外留学と共同研究で育まれたこと、雑誌論文ではなく、書籍ベースで影響力を持ったことなど興味深い」（田中委員）と好意的な評価があったが、「研究者内の内輪話のような印象」（新保委員・三砂委員）、「本作で取りあげられた人たちの仕事の意義が高く評価されている一方で、現在の状況を見ると、それが『世界標準』だったと言えるのか」（中村委員）、『消費』から捉えるところまで視野を伸ばしてほしかった」（川勝委員）と、評価を留保する意見も強かった。

重ねての討論の結果、内藤作品については「あえて抑えたのかもしれないが、批評性をもっとクリアに」「今回の東京五輪に何らかのかたちで結びつけてほしい」という意見が複数の委員から出され、それを踏まえたうえで、本賞を贈呈することとなった。

小川作品は、エリック・フォン・ヒッペルを採り上げた第五章について、「内容が甘くなっているのではないか」（田中委員・赤坂委員）、「ヒッペルはユーザーに目を向けた存在で、学説史としての意義がある」（川勝委員）と評価が分かれ、最終的には、奨励賞の贈呈に決定した。

（授賞式は四月十日、アルカディア市ヶ谷にて開催予定）

選考委員

赤坂憲雄　川勝平太　新保祐司
田中秀臣　中村桂子　橋本五郎
三砂ちづる　藤原良雄（敬称略・五〇音順）

■河上肇賞　過去の受賞者

- ●第1回　本　賞＝**安達誠司**氏　奨励賞＝**小川和也**氏
- ●第2回　本　賞＝該当作なし　奨励賞＝**太田素子**氏
- ●第3回　本　賞＝該当作なし　奨励賞＝**丹野さきら**氏　**松尾　匡**氏
- ●第4回　本　賞＝**片岡剛士**氏　奨励賞＝**平山亜佐子**氏　**和田みき子**氏
- ●第5回　本　賞＝**鈴木順子**氏　奨励賞＝**佐藤　信**氏　**貝瀬千里**氏
- ●第6回　本賞・奨励賞該当作なし
- ●第7回　本　賞＝**志村三代子**氏　**西脇千瀬**氏
- ●第8回　本賞・奨励賞該当作なし
- ●第9回　本　賞＝該当作なし　奨励賞＝**川口有美子**氏
- ●第10回　本　賞＝**大石　茜**氏　奨励賞＝**飯塚数人**氏
- ●第11〜14回　本賞・奨励賞該当作なし
- ●第15回　本　賞＝**松本亜紀**氏　奨励賞＝該当作なし

〈寄稿〉今、なぜブルデューか？

『グロテスク』と『ディスタンクシオン』

東京大学名誉教授　加藤晴久

小説に見事に活写された「界《シャン》」

桐野夏生氏の『グロテスク』だが、週刊誌連載中に部分的に読み、何故か不思議な気懸かりに囚われ、二〇〇三年に単行本化されたとき通読した。そして腰を抜かした。ブルデューの『ディスタンクシオン』すなわち「判断力の社会的批判」を小説化しているではないか！

狂言回し役の「わたし」は、自分を含む登場人物たちが通う「Q女子高」（＝慶應女子高）について「日本にも実はしっかりと存在する階級社会を具現化」している、と書いている。

ここでの「階級」はマルクス主義的な唯物弁証法の「階級」とまったく無縁というわけではないが、この名門校の生徒たちがさまざまなメルクマールによって「区分け《ディスタンゲ》」され、学校というミクロコスモス（＝界）に位置づけられている、という意味である。

まずは入学時期という基準。Q女子高は超一流の私立Q大学の小中高一貫の付属校。初等部は共学で入学定員八〇人。中等部も共学で、この段階でさらに八〇人を受け入れる。高校は男子校・女子高に分かれ、ここでそれぞれ八〇人を受け入れる。つまり、高校の学年定員は一六〇人。うち、四〇人は初等部から、四〇人は中等部から、八〇人は高等部から、ということになる。中等部から入学した生徒は初等部からの生徒からすれば「外部生」だが、三年後には高等部に入学した生徒たちには「内部生」になる。高校からの入学者は学年の半数を占めるのだが、下からの「内部生」が無意識に身体化しているQ女子高の価値観の審判にさらされ、それにふさわしい扱いを受ける。

親の職業・貧富・居住地・住居といったメルクマールもさることながら、何よりも決定的なメルクマールはほかならぬハビトゥスである。

貧しくなくとも「ださい」のはだめ。Q女子高では「ださい」という言葉が生徒の「命運を分けていた」。「ださい」とは、たとえば「律儀」「実直」「生真面目」「あくせく」と形容できるような生き様。

生徒間の格差のもとになっている、差別のもとになっている違いは、身に付ける物や持ち物のブランドや値段の違いだけでなく、衣服の着こなしや持ち物の扱い方、ちょっとした立ち居振る舞い、それこそ一挙手一投足の優美さ、自然さのあるなし、として現れる。この差異を作中の「わたし」は、「ちょっとやそっとの時間では埋まらないもの」「じっくりと何代か経て貯められた豊穣さ」「長い時間をかけて遺伝子にくみこまれた美や裕福さ」とコメントしている。

社会空間を理解することから

経済資本によって以上に、象徴資本の質と量によって構造化されたQ女子高というミクロコスモスで、外部から闖入した異分子が選びうる戦略は二つある。ひとつは、同化を断念し異分子としての存在に甘んずること。「最初から勝負を降りて変人になる」のである。「わたし」はこの道を選んだ。

第二の戦略は、学業面で抜群の成績を収めること。しかも、ごく自然に。つまり、そのために努力している、「シコ勉」している気配は少しも見せずに。ミツルはこれを選んだ。

第三、しかしこれは戦略ではない。「わたし」の妹のように、「怪物的な美貌」に恵まれること。ユリコは何の努力もせずにチアガール部のスターとして学内外でチヤホヤされた。

思い遣る・寄り添う・支え合う社会。メディアが伝搬するフェイク。物的資本と象徴的資本の総量と構成によって、構造化された社会空間の現実を直視し「理解」すること。すべてはそこから始まる。観察力と直感力と想像力を研ぎ澄ました小説家は、凡百の社会学者たちを遥かに凌駕する卓越《ディスタンゲ》した社会学者である。昨年一二月に放送された「100分de名著『ディスタンクシオン』」は、『グロテスク』を素材に制作されるべきであった。そうすれば視聴者は『ディスタンクシオン』つまり「判断力の社会的批判」を自分のこととして理解したことであろう。

「わたしが社会に我慢することができるのは、怒《いか》ることができるからである」、と老いたブルデューは言った。桐野氏はますます怒っておられる（『日没』）。つまりますます旺盛な創造力を発揮されることであろう。

教育における不平等——初発のブルデューの問題提起

お茶の水女子大学名誉教授／社会学　宮島 喬

社会学者ブルデューの名を初めて斯界に知らしめたのは、風変わりな書名の一書（『遺産相続者たち』一九六四年刊）だった。続く『再生産』（一九七〇年）により、その問題提起は一層明確になった。かれが提起した問題とは何か。

平等を重んじる国フランスでは、教育を受ける権利と機会の平等はなによりも重要とされてきた。初等から高等まで教育は無償とされ、選抜（入学試験など）による学ぶ機会の制限もなるべくなくしてきた。だから、たとえば大学進学者をみると、家からの経済援助などなく、奨学金と若干のアルバイトだけで学生生活を送る者がめずらしくなく、教育を受ける権利と機会は家庭の貧富などに関わりなく、平等に開かれているように思われる。

だが、それは**みかけだけの平等ではないかとブルデューは問う**。同じ高等教育機関でも、厳しい入学試験を課して入学者を決める専門大学校《グランデコール》の在籍学生に関するデータを取り寄せ、検討したブルデューは次のことを確認する。同じく無償の学校でありながら、在籍学生が上層階層に偏重している。有名な理工科学校《ポリテクニク》や政治学院《シアンスポ》をとると、学んでいる学生の六〇～七〇％は、親が企業経営者・管理職、自由業に属しており、労働者や農業者などに属する者は三～一〇％にすぎない。とすれば、社会の各層を代表する学生が学んでいるという形にはならない。

なぜこのような不平等が生じるのか、ブルデューは次のような解明を試みた。**教育を受ける機会の平等を損なっているのは、経済的格差以上に、「文化的障害」ではないか**。というと、かれの使った有名な**「文化資本」の概念**を思い出す人は多いだろう。その通りで、学校でなされるさまざまな教育に応え、生徒、学生たちが学習に成果を上げるには、相応の文化資本が彼らのなかに備わっていなければならない。それは、**知識、教養、言語能力、感受性などから構成された文化的性向ないし文化的能力である**。たとえば授業のなかで教師が、ラテン語の成句を使ったり、「アルパゴン（モリエールの戯曲「守銭奴」の主人公）的だ」などという表現を挟んだとき、難なくその意味を汲めるか、また授業のなかで「ニュートン力学」とか、「相対性理論」という言葉が使われるとき、それを理解する手がかりをもっているか。

　では、文化資本をどうして身に着けるのか。個人の努力で身に着けられるものもある。しかし、たいてい学校以前から、家庭の文化的環境や両親からの有形無形の教育によって身に着けていく。さらにブルデューは、**文化資本はハビトゥス化されたかたちで保持されている**とする。意識することなく本人が身に着けている文化性向である。家に沢山の蔵書があり、画集やレコードもあり、好きな時にそれらを楽しみ、親は時々演劇に連れて行ってくれる、と語る少女（大学教授の娘）の例が紹介されている（『遺産相続者たち』）。彼女は勉強らしい勉強をしなくとも成績優秀でいられる中2の生徒である。だが、たとえば親が家具製造職人で、小さいときから「手に職を」と言われて育った生徒は、美術や工作は好きで得手だが、微妙な言語表現を学んだり、物理のように抽象的な理論や法則を学ぶのは苦手とし受け付けない。成績は凡庸な生徒と評価されよう。こうして文化資本に恵まれた者が優秀な生徒としてグランデコールに学ぶことが許される。この最高学府に学べる学生の定員の多くが上層の子弟によって埋められる理由もここにあろう。

　他方、**学校教育は、生徒たちに教えようとする知識、文化、言語用法などの文化範型をどれだけ習得したかにより、優秀な生徒としからざる生徒を選別する。**そして、近代の学校が文化範型としているのが、正統文化というべき、ブルジョア（上層市民）が尊ぶ教養、知と思考の様式、美的感性などを反映するものである。上層の家庭のなかで文化的・知的ハビトゥスを身に着けてきた生徒が優秀な生徒と評価されるなら、先の家具職人の息子は、手先の技術にすぐれ、造形能力をもっとしても、学校向きではないと判定され、進学を断念する。教育を受ける権利の平等はもはやない。

　では、以上の学校教育批判を展開したブルデューは、教育改革の展望をもっていたか。紙数が尽きて詳述できないが、かれは「未来の教育のための提言」（『世界』一九八八年三月号）という改革構想を公にし、その一つに、**学校が子どもたちに教える文化や知のモデルを変え、正統文化を押し付けるのではなく、文化相対主義に立ち、民衆文化や他世界の文化なども教えること**を提案している。

　因みに、日本でも久しく有力大学に進学する学生たちの出身階層が高まる傾向にあり、同様の不平等の存在が推察されている。ブルデューの批判に耳を傾けるべきではないか。

連載　歴史から中国を観る　14

遊牧民の戦争

宮脇淳子

前回、フビライの日本遠征が失敗したのは、遊牧民が得意とする戦争ではなかったからだと書いた。それでは、遊牧民の戦争とはどういうものなのだろうか。

ゴビ沙漠の北のモンゴル高原は、年間降水量が二百ミリ程度である。草もまばらにしか生えないので、一箇所にいたのでは家畜がすぐに草を食い尽くしてしまう。だからモンゴル語でゲルと呼ぶテントに住み、遊牧して暮らしてきたのだ。

帝国を築いたあとは、例えば、カラコルムなどの人工都市を草原の真ん中に造って、武器庫や食料庫を置いたが、遊牧民の兵士はそれまで何頭もの替え馬も武器も食料も、自前で調達して戦争に参加したのである。

チンギス・ハーンが遊牧部族長たちの中から盟主に選ばれたのは、戦争の指揮がうまく、もめ事の仲裁に信用がおけ、獲得物の分配が公平だったからである。

チンギス・ハーンは、モンゴル帝国に参加したすべての遊牧民を千人隊に編成し直し、各部族長を、領民の数に応じて、万人隊長、千人隊長、百人隊長に任命した。これは、戦時にはそのまま軍隊組織に転換できる制度である。

征服戦争が大集会で決まると、各千人隊は決められた数の兵士を出し、供出した兵士の数に見合った獲得物を分配された。勝つ戦争に参加するのは遊牧民にとって儲け仕事であり、従軍するのは、義務というよりは権利だった。

平時には、軍事演習として、**巻狩**《まきがり》という狩猟をおこなった。北方の山岳地帯に少数の兵士が入り、動物を草原に追い出してくる。草原では、徴発された兵士たちが、右翼、左翼、中軍に分かれて待つ。兵の円陣は、はじめ広大な領域を囲んでいるが、次第にせばめられて猟場を囲む。野獣が陣営から脱走したら罰を受ける。

君主が第一に囲みの中で、后妃たちと狩りを楽しみ、次に皇族や将軍たち、最後に兵士たちが狩猟したあと、数日を経て捕殺を免れた動物を解放し、猟獣を公平に分配した。西方への征服戦争の戦闘隊形は、基本的には巻狩のときと同じだった。（みやわき・じゅんこ／東洋史学者）

リレー連載　近代日本を作った100人　83

石黒忠悳——近代軍医制度の生みの親

笠原英彦

運命を変えた若き日の出会い

早くに両親を失い伯母の嫁ぎ先の養子となった石黒忠悳《ただのり》は、二人の先達との出会いがなければ、信州の私塾経営者としての人生を送っていたかもしれない。その一人は江戸時代の儒学者、兵学者として高名な**佐久間象山**である。石黒は若い頃から象山に傾倒していたが、幽閉の身であった象山が近く解放されるとの情報を入手した。文久三（一八六三）年、石黒は江戸へ向かう途次、松代の象山を訪ねることを決意した。いったんは門前払いとなったが、石黒の熱意が通じ、ついに対面がかなったのである。象山は石黒の熱い思いを正面から受け止め、まもなく石黒を「足下」と親しげによび、「足下位の若者は充分我が国の学問をした上、更に西洋の学問を為し、そして夫々一科の専門を究める事にせねばならぬ」（『石黒忠悳懐旧九十年』）と青年の志を説いた。石黒は象山の教えをしっかり踏まえて、ここに己の進むべき道を思い定めた。

その後、石黒は医学の道を志し、江戸へ出て医学校で学んだ。いったん帰郷したものの、再び上京して文部省出仕となった。しかし石黒は仕官が嫌になり洋行に出ようと、文部省を辞め帰郷の荷造りをしていた。そこへ同じく医学所で学ぶ親友の渡邊洪基《こうき》がやってきて石黒に翻意を促し、兵部省の軍医制度創設に取り組む**松本良順**のもとを訪ねるよう熱心に説いた。かつて医学校の頭取を務めた松本は、すでに医学界の重鎮となり、同人の兵部省入りも西郷隆盛や山県有朋らが直々に松本宅に出向き口説き落としたとされる。何とその松本がわざわざ石黒宅を訪問し、兵部省に出仕し軍医部設立への協力を懇請したから、石黒も驚いたにちがいない。松本のところにも多くの門下生がいたが、みな治療や学術の専門家で、制度に精通する者はいなかった。そこで白羽の矢が立ったのが石黒であった。石黒は制度に明るく、地位を求めず、国のために尽くしてくれる逸材であることを松本は熟知していた。石黒も松本の純粋な要請を受けて、国家の根幹である兵制の確立に邁進する覚悟を決めたのである。

軍医制度の近代化に貢献

明治四(一八七一)年九月、石黒は兵部省出仕に着任早々、山県有朋に対し、軍医とは他の官職とは異なり学術の社会であるから、藩閥の情実で人選することはできない旨を告げた。また、入省まもなく石黒を待ち構えていた難題は**軍医の淘汰**であった。上司であった松本のおかげで、これも果断な対応で乗り越えた。かくして軍隊には良医を確保することができた。

▲石黒忠悳《ただのり》(1845-1941)
幕末は1845年、陸奥国伊達郡梁川に幕府代官手代であった平野順作良忠の長男として生まれた。幼名を庸太郎といったが、両親を早く亡くしたため、1860年、伯母の嫁ぎ先であった越後国三島郡片貝村の石黒家の養子となった。長じて信州の松代で私塾を開き、佐久間象山に強い影響をうけた。1864年に江戸へ出て、医学所に入った。いったん帰郷したが、再び上京して大学東校に勤務した。その後、松本良順の斡旋で兵部省に軍医として入省した。同省では専ら軍医制度の構築に邁進し、成果をおさめた。1890年には軍医総監に就任し、陸軍省医務局長を兼務、一貫して軍医の道を歩んだ。同省勇退後は日本赤十字社の創立に尽力し、第4代日本赤十字社社長を務めた。

もっとも実際の組織では、やはり人事をめぐり絶えず軋轢に悩まされた。軍医の人選において、藩閥の壁と専門性の確保とを両立させるのは至難の業であった。

こうした泥臭く厄介な仕事をこなす上でも、出征して現場を知ることが求められた。石黒は佐賀の乱や西南戦争での従軍経験を有した。内務省衛生局の役職をも兼務し、長与専斎とともにコレラ対策などで連携した。明治二〇(一八八七)年にはドイツに派遣され、各地の医療関連施設を視察して、第四回赤十字国際会議に出席した。その際、北里柴三郎や森林太郎ら著名な医学者の知遇をうけた。帰国後は陸軍軍医総監となり、陸軍軍医の人事権を掌握する陸軍省医務局長に就任した。日清戦争では、大本営陸軍部において野戦衛生長官を務めた。それは地味だが重要な職務であり、傷病治療にとどまる職務ではなかった。このとき、森林太郎は石黒の配下にあって出征した。

このほか、石黒は後藤新平の内務省入りや、日清戦争時の検疫事業を後藤に任せるよう児玉源太郎陸軍次官に進言するなど、**医療界の潤滑油の役割を果した。石黒が医療分野において日本を近代化した功績は大きい。**

(かさはら・ひでひこ/慶應義塾大学教授)

■〈連載〉沖縄からの声［第XI期］3（最終回）

「夢幻琉球・つるヘンリー」から

俳人、水彩画&エッセイスト　ローゼル川田

　先日、沖縄の民謡歌手の重鎮、大城美佐子さんが亡くなった。映画「パラダイスビュー」「ウンタマギルー」を世に出した高嶺剛監督、彼の映画作品はウチナーグチ（沖縄語）で、日本語の字幕である。「ウンタマギルー」はベルリン映画祭カリガリ賞に輝いた。その高嶺監督が大城美佐子を主人公に映画を制作した。今から約二〇年余前である。タイトルは「夢幻琉球・つるヘンリー」、妙に長い。

　幼い頃、路地を歩いていると、あちこちの民家のラジオから沖縄民謡が聴こえてきた。暑い昼下がり、さらに気だるさを増した。身近に聴こえてきた民謡は遠い景色だった。

　高嶺監督と連れ立って、大城美佐子さんの民謡酒場「島思い」に行き、映画制作が始まる。脚本の中には、民謡が数多く散りばめられていた。これまで遠い景色だった沖縄民謡が、美佐子さんの声を通して身に沁みこんできたのである。映画の中のつる（大城美佐子）は、実生活の美佐子と重なり、放浪の唄者《うたしゃ》である。気が向いた場所で演奏して有線放送に流している。ボクは幼い頃を思い出した。映画の内容は極めて複雑だが、沖縄の空気感に満ちあふれている。

　映画の中でさらに「ラブーの恋」という脚本があり、映画の中の映画が展開される。復帰前の沖縄の高等弁務官を父親とする、混血の青年ジェームズ（ヘンリー）が登場し、つるはその母親である。

　ジェームズの独白は現実味を帯びている。「わたしは人生の大切な事柄を保留にしたままだ。わたしの出生は祝福されなかった。だが、わたしは今の人生を有意義に過ごしたいと思う。わたしは沖縄を軍事基地としているアメリカを信用していない。祖国といわれる日本も信用しない。わたしのあり方をわたし抜きで、平気で決定した国家には、もううんざりだ。わたしはアメリカ人ではない。日本人でもない。沖縄人でさえないのかもしれない」

　つるが歌う島唄が映画から突き抜けて、沖縄の風景の隅々まで水脈になっていく。

　島津の侵攻、琉球処分、廃藩置県、太平洋戦争、敗戦終戦、アメリカ施政権下、ベトナム戦争……沖縄は太陽神を遥拝するいにしえ人から生き続けるニライカナイのくにである。

連載　今、日本は　22

人間尊重主義

ルポライター　鎌田　慧

米ジョンズ・ホプキンス大の集計によれば、世界全体の新型コロナウイルス感染者は、一月二五日現在、九九二二万人。一億人の大台に迫っている。死者は二一三万人。このうち米国が四一万人と二〇%を占めている。マスクを拒否していたトランプ元大統領の無知と傲慢の犠牲者ともいえる。

トランプ支持者たちが、マスクもつけないで大集会をひらいていた映像は恐怖的で、まるで別世界のようだった。ひとりの政治家の、人間のいのちにたいする思いやりのなさが覿面《てきめん》だった。これにくらべると、日本の死者は五二〇〇人、たしかに少ない。しかし、五千人もの死者はけっして尋常ではない。

米国の惨事はこの国の医療格差を明らかにしたが、日本でも医療崩壊で入院できずに自宅で亡くなるひとや、コロナ不況で仕事を失っての自殺や独居死もでている。入院先や療養先がみつからず、自宅で救助を待ち続けながら死亡するなど、他人事ではない。

老健施設に入居していて、発生したクラスターによって死亡した友人もいる。友人の妻は一年ちかくも夫に面会できなかった、という。コロナは身近にいる死の形を考えさせる。コロナでなくとも、入院していて家族と会えなくなった友人たちがいる。

政府はこの人たちの苦況を省みることなく、もっぱら経済優先。ＧｏＴｏトラベル、ＧｏＴｏイート。浮き足立った流れをつくるために国費を投入して、被害を拡大させた。その責任を取ることなく、さらにこれから、一兆円を投資しようとしている。観光業界保護のためだから、トランプを笑えない。東アジアのなかでは日本（首都圏や大阪）の死者が多いのは、乱開発と過密都市の影響が大きい。

村上陽一郎、中村桂子、西垣通さんの鼎談『ウイルスとは何か』（藤原書店）で、中村さんは、地球上に数百万種の生き物がいることを理解した上で、「人間中心主義」ではない、人間らしさを大事にする「人間尊重主義」を主張している。

（かまた・さとし／ルポライター）

■連載・花満径　59

高橋虫麻呂の橋（一六）

中西　進

　じつは前回のアビニョンの橋のさらに前に、わたしの目に入っていたものに、アポリネールのミラボー橋があった。

　しかしわたしの好奇心の旅は、ミラボー橋から虫麻呂の橋を想起し、多数の日本の橋への関心に誘われてアビニョンの橋へと戻ってきたのだった。そしていま、ミラボー橋は出発の橋であったと同時に、橋のゴールだったという思いも、大きい。

　アポリネール（堀口大學訳）のミラボー橋がここで問題とするものは、橋の下の川と月日の流れと、橋上の二人の恋の流れ、しかしその中に命や希望によって、「わたし」が残ることだといってよいだろうか。

　キュービスム（立体派）の詩人らしく、そのように橋の上下をめぐる立体がくっきりと輪郭を刻まれたと見ることも、可能ではないか。

　そう言ってみると、橋をめぐる橋上の恋の命や希望は、高橋虫麻呂の橋上に出現した、色彩あざやかな女と相通し、くっきりと虫麻呂の眼に焼きついて来たものが、歳月を超越した、恋の立体像だったのだと思い当たる。恋人の橋の下に、
　疲れたまなざしの無窮の時が流れるというアポリネールの倦怠《アンニュイ》も、いささかに俗世に背を向ける虫麻呂の生き様と似てくる。

　それでいて、アポリネールのような橋の上下へのまなざしの一体化は、虫麻呂のみならず日本の橋の通念には、なかったことにも気づく。

　多くの例に見てきたような、橋の上のステージ性も、もうない。すべてアビニョンの橋に託してしまったと、言わんばかりに。

　それでこそ立体を極《きわ》だたせた、近代フランスの詩人（一八八〇—一九一八）なのであろうが、アビニョンの橋の世俗性を却けたアポリネールの個性は、万葉の歌人として古代歌謡を離脱した高橋虫麻呂の孤独と驚くほどに近い。

　もしかしてアポリネールは、ムシマロの詩を、知っていたのか、それへの返歌としてミラボー橋の一詩を書いたのか——わたしの夢想は妄想だろうか。


（なかにし・すすむ／日文研名誉教授）

■連載・アメリカから見た日本　14

破滅的前大統領の後始末をする就任式

作家　米谷ふみ子

　一月二十日。アメリカの四六代目バイデン大統領の就任式だ。東部より加州は三時間遅れなので、テレビで見るには早く起きねばならないから、目覚ましをつけて寝たが、目が覚めるとあたりはもう明るかった。目覚ましは止まっていた。スイッチを入れても明かりがつかない。停電？　すわ一大事！　一月六日の、トランプが組織した議事堂攻撃（死者五人）。攻撃した白人至上主義者たちがロス市にも出てここの発電所を壊した？　身震いしたが、テレビは見られない。隣と裏の家に電話したが、かからない。新聞をとりに表に出た。前の道を犬の散歩で通りがかった男に「おたくも停電？」と尋ねた。「サンセット大通りまでこの道ずっと停電で、修繕をしていましたよ」と言ったのでほっとした。

　世界中が見守っている大統領就任式が、困難を抱えて多くの護衛を配置して行われるのだ。それが見られない？　それでも何回も繰り返し放映するだろうと思っていると、十時に冷蔵庫が音を立てだしたので、やれやれとテレビをつけた。バイデン夫妻と副大統領ハリス夫妻、そして両方の家族。いつもの就任式と違って、護衛のためにいる州兵を除いて、祝いで集まる観衆はちらほらとしかいない。こんな光景はこの国に来て六十年になるが、初めてである。これもトランプのおかげ。

　バイデン新大統領は「多人種多文化をもった国民が一緒になって安全に生活できることを一番大切なこととし、またコロナ全滅に一大努力をする」と誓った。

　バイデンが選んだ副大統領はアメリカ史上初の女性、南アジア・黒人の混血、彼女の夫はユダヤ系で、任期中に人種問題が起こっても、バイデン夫妻は白人で、あらゆる人種を網羅しているから、前任の大統領たちよりもより深い理解力があるのではないかと思われる。知的判断力からいっても、前任のトランプよりすぐれている。

　翌日、レーガン大統領以来の医療顧問で、トランプに解雇されても真実を告げようとがんばっていたファウチ博士が、はればれとした顔で記者会見をしていたのを見て安堵した。

Le Monde

■連載・『ル・モンド』から世界を読む［第Ⅱ期］54

マルタ産本マグロ

加藤晴久

スーパーで売っているマグロの中トロ。日によって種類が違う。昨日は「オーストラリア産インドマグロ」、今日は「マルタ産本マグロ」といった具合。値段はインドマグロの方がやや安いが、マルタ産本マグロの方が断然おいしい。

なぜマルタ？ イタリアの南、地中海に浮かぶ人口四三万人の小さな島国だ。

昨年六月九日付の「マグロ――生き延びた。しかし常に危うい運命」と題する記事を読んで事情が分かった。まずリードはこうである。

「漁獲量割当制のお陰で資源量の激減は避けられたが、復活のご利益《りやく》は大規模漁業者が独占」

フランス南西部、モンペリエを県都とするエロー県のセートは地中海に面した漁港。マグロ漁の拠点である。

フランスのマグロの漁獲割当量は年間六〇二六トン。その約八〇％、四八七一トンが船長三〇メートルから四〇メートルの巨大引き網船二二隻を所有する業者たちに割り当てられている。残りの一一五五トンが個人経営の零細漁業者に配分されるのだが、大手業者の縁戚者が優遇されるという不公平な仕組みのため、紛争の種となっている。

それはともかく、マグロ漁は五月末から六月末の一カ月がシーズン。大型船はわずか数週間で割当量を捕りきってしまう。七月から翌年五月まではセート港に停泊しているだけ。捕ったマグロは、そのまま、マルタだけでなく、キプロス島、イタリア、スペイン、チュニジア、クロアチアの養殖場に運び込まれ、そこでイワシなどを加工した栄養たっぷりの飼料を与えられ、二〇〇～二五〇キロに成長したところで、日本に輸出され、日本人の胃袋に収まる。

話は変わるが、セートはポール・ヴァレリーの生地。長編詩『海辺の墓地』はセート港を見下ろす断崖の上にある。堀辰雄『風立ちぬ』のタイトルがこの詩の一行 Le vent se lève !... Il faut tenter de vivre !「風立ちぬ いざ生きめやも」から来ていることはよく知られている。

マグロと感傷小説。不思議な縁である。

（かとう・はるひさ／東京大学名誉教授）

一月新刊

アナールの重鎮が「寝室」を描く初の歴史

寝室の歴史

夢／欲望と囚われ／死の空間

ミシェル・ペロー
持田明子訳

心性（マンタリテ）、性関係（セクシュアリテ）、社会的人間関係（ソシアビリテ）などの概念を駆使して、王の寝室から個人の部屋、子ども部屋、婦人部屋、労働者の部屋、病室、そして死の床……様々な部屋／寝室に焦点を当てる。ヨーロッパ全域の広範な文学作品、絵画作品等を渉猟し、その変容をたどる画期作。

四六上製　五五二頁　四二〇〇円

最晩年の句友の兜太論。歿三年記念！

金子兜太

俳句を生きた表現者

井口時男　推薦＝黒田杏子

「長寿者は幸いなるかな
最晩年の句友、文芸評論家
井口時男による兜太論」（黒田杏子）

過酷な戦場体験を原点として、前衛俳句の追求から、「衆」の世界へ、そして晩年にはアニミズムに軸足を据えた金子兜太の、生涯を貫いたものは何だったのか。戦後精神史に屹立する比類なき「存在者」の根源に迫る。

四六上製　二四〇頁　二二〇〇円

「着ることは、"いのち"をまとうことである」

新版 いのちを纏《まと》う

色・織・きものの思想　カラー口絵8頁

志村ふくみ
鶴見和子
〈新版序〉田中優子

長年"きもの"三昧を尽してきた社会学者と、植物染料のみを使って"色"の真髄を追究してきた人間国宝の染織家。植物のいのちの顕現としての"色"の思想と、魂の依代としての"きもの"の思想とが火花を散らし、日本のきもの文化を最高の水準で未来へと拓く。待望の新版！

四六上製　二六四頁　二八〇〇円

アイヌの精神と魂の原点を追求する映像詩！

〈藤原映像ライブラリー〉

シマフクロウとサケ

アイヌのカムイユカラ（神謡）より　DVD

宇梶静江　古布絵制作
金大偉　監督・音楽・構成

古布絵（こふえ）とユカラが織りなすアイヌの精神世界。

〈第1部〉シマフクロウとサケ（16分）
〈第2部〉アイヌを生きて
──宇梶静江インタビュー（19分）

アイヌ語朗読：鹿田川見／アイヌ音楽提供：宇佐照代

企画・製作：藤原書店

三五分　二〇〇〇円
◉絵本は12月刊です

読者の声

評伝　関寛斎■

▼久しぶりに人を動かす寛斎の〝こころ〟を思い出させてくれました。その〝こころ〟を〝慈愛・進取のこころ〟として、屋敷地跡の徳島県立城東高校校地に「慈愛・進取の碑」を九〇周年記念に建立し、〝北の大地〟へ県下最初の修学旅行を実現しました。〝じばれフェスティバル〟で阿波踊りを同志と共々にしました。

（徳島　カルチュアセンター講師　**出水康生（泉康弘）**　82歳）

▼久しぶりにいい本に出合った。
　幕末のコレラの流行、寛斎の冷水浴なる健康法には目からうろこの感！
　今の西洋医学がいかに人の命を〝金〟まみれにしているか、〝自分の身は自分で〟を肌で感じる。茶寿まであと干支二廻りの人生を意義ある生き方をしたい。
　良書の出版をよろしく。

（愛知　税理士　**松下英勝**）

兜太 TOTA vol.4■

▼戦後の俳句界を引っぱって来た二人の対比が良く出ている。金子兜太も飯田龍太も戦争に人生を色濃く影響を受けた点は同じ。

（東京　会社員　**中村恭一**　69歳）

▼四月に求め、兜太・龍太自選句集を再三、再四読みふける。今後もまだ読み続けるだろう。
　黙って逝った東京裁判の戦犯とされた人たちの伝記を読みたい。いまこそ戦争をしてはいけないと「さけぶ」べき時だ……アベ、アソウNO！

（兵庫　**岩谷八洲夫**　85歳）

近代家族の誕生■

▼二児を育てながら、調査や資料かららていねいに学び、身近な土地の身近な人々から歴史の豊かさとこれからの社会をつくっていく希望にふれることができたという誠実なひたむきな研究態度と主張は大変分かりやすい。家族や育児について今考えないと日本の未来はないほどに混乱し、課題の多い今日、若い女性としてすばらしい人に出会えた。よく出版してくださったと感謝したい。

（東京　**松野康子**　82歳）

いのちを刻む■

▼たいへん、良かった。心動かされた。今年読んだ中で一番といってもいいほど。学歴や家柄などに関係なく、一〇〇%実力で生きて、立派に仕事をしているのがいい。奥さんを介護しているのも、いい(私も亡き父母の介護をしました)。今年の三月に『朝日』の「フロントランナー」に社主の藤原良雄さん出ました。よかったので、とってあります。

（石川　**石田涼子**　70歳）

▼木下様の事をテレビで知り、その作品を描く姿勢に感銘を受けました。自伝も読ませていただき、その壮絶な人生に驚きを隠せません。

（東京　映画カメラマン　**関口洋平**　37歳）

▼感動しました！　その生き方、そして学生に教える内容、出会う人々への接し方、自然体で、素直です。
　藤原さんという名字の方は素敵な方が多いと思います。感動をいただくことが時々あります。
　カレンダーの下の壁棚に立て掛けておきます。毎日眺めます。
　購入のきっかけは、図書館で借りて読み、時々表紙を見たいと注文しました。ありがとうございました！

（岡山　**竹本幹次**　68歳）

▼スケッチ等風景の描写など、とにかく役に立ちました。エンピツ絵画の制作に役立っています。

（新潟　**関正一**　77歳）

「雪風」に乗った少年■

▼大和ミュージアム、パールハー

バー、ここ二〜三年で訪問し、本書も興味深く読みました。可能であれば遠方でも（関西地区であればベストですが）西崎信夫さんの講演等の予定が判れば教示頂ければ幸いです。是非、お話伺っておきたいと思いますので。

（京都　マンション経営　**高鳥広保**　59歳）

昭和12年とは何か■

▼昭和十二年生まれの者として、読みました。いかに重要な年であったかを実感出来たこと嬉しかった。
　真実による歴史認識こそが生きている証しです。

（東京　音楽演奏　**有賀誠門**　83歳）

別冊『環』⑩　子守唄よ、甦れ■

▼「甦れ」とあるように、ほとんど忘れかけていました。呼びさまされました。
　「子守唄はいのちの讃歌」は楽しく面白く読みました。

次は『男のララバイ』に行きます。

（兵庫　**岩谷八洲夫**　85歳）

※みなさまのご感想・お便りをお待ちしています。お気軽に小社「読者の声」係まで、お送り下さい。掲載の方には粗品を進呈いたします。

書評日誌（一一・二八〜一・五）

(書)書評　(紹)紹介　(記)関連記事　(イ)インタビュー　(テ)テレビ　(ラ)ラジオ

一一・二六〜　(紹)東京新聞・中日新聞「楕円の日本」

一二・四　(記)夕刊フジ「新型コロナ「正しく恐れる」」（「『お金』は知っている」／「居酒屋さん　窓を開けよう」／田村秀男）

一二・八　(記)産経新聞「ベートーヴェン　一曲一生」（「東京特派員」／「抗ウイルス空間は存外、天国か」／湯浅博）

一二・一三　(紹)読売新聞「ウイルスとは何か」（「本　よみうり堂」）

一二・一四　(記)読売新聞「全著作〈森繁久彌コレクション〉」（全五巻）（「森繁久弥の随想集　完結記念」／「しのぶ会に大村崑、安奈淳ら」）

一二・一六　(紹)NEWあしながファミリー「**愛してくれてありがとう**」（「29歳で逝った妻・由美との日々を綴りました」／玉井義臣）

一二・一六　(記)信濃毎日新聞（共同配信）「全著作〈森繁久彌コレクション〉」（全五巻）（「エンタメ」／「森繁久弥『今読んでも面白い』」／「著作集完結　ゆかりの人々祝う」）

一二・一七　(紹)日本経済新聞「ベートーヴェン　一曲一生」（「目利きが選ぶ3冊」／中沢孝夫）

一二・一八　(記)週刊読書人「感情の歴史」（「二〇二〇年回顧総特集／西洋史」／「中世史研究・訳書、際立つ成果」／「グローバル・ヒストリーや感情史の方法論も注目」／村上宏昭）

一二・一九　(記)毎日新聞「新型コロナ「正しく恐れる」」（「2020　この3冊　下」／村上陽一郎）

一二・二〇／二七日号　(紹)クリスチャン新聞「ベートーヴェン　一曲一生」

一二・二二　(記)週刊エコノミスト「ディスタンクシオン」（全二分冊）（「読書日記」／「ブルデューがあぶりだす『趣味』と社会構造の関係」／荻上チキ）

一二・二二　(記)朝日新聞「全著作〈森繁久彌コレクション〉」（全五巻）（「自伝」／「芸談」…森繁久彌の全てがここに」／「二十数冊の著作をまとめた全5巻　完結」／上原佳久）

一二・二七　(紹)読売新聞「ウイルスとは何か」（「読書委員が選ぶ『2020年の3冊』」／橋本五郎）

一・五　(記)観光経済新聞「幻滅――外国人社会学者が見た戦後日本70年」（「私の視点　観光羅針盤」／「『幻滅の日本』と『希望の日本』」／石森秀三）

三月新刊予定

＊タイトルは仮題

次の世へ、わが子へ…歌は祈りとともに

祈り

上皇后・美智子さまと歌人・五島美代子

濱田美枝子＋岩田真治

美智子さまが皇室に入られる際の歌の指導をした歌人、五島美代子(1898-1978)。その夫は、上皇さまの皇太子時代からの歌の師でもあった五島茂(1900-2003)。初めて胎動を歌に詠んだ〝母の歌人〟美代子の生涯を、五島美代子研究の第一人者が初めてつぶさに綴るとともに、ＮＨＫ「天皇　運命の物語」ディレクターが、美智子さまの類稀な御歌の世界を、その激動の歩みを辿りつつ味わう。

政治記者五〇年、現場からの報告

政治家の責任

政治・官僚・メディアを考える

老川祥一（読売新聞論説委員長）

金権政治脱却を期した一九九〇年代以来の「政治改革」により、政治のあり方が大きく変貌した中で、劣化・変質してしまったものは何か？「政治主導」と「長期政権」の下で、〝公〟の緊張感を喪失した政治家、行政の根幹を支える公文書の破棄・改竄に手を染める官僚、さらに、ネットを通じてフェイクニュースがあふれる今、公器としてのメディアの責任を考える。

唯一の「アイヌの新聞」発行者、初の評伝

「アイヌ新聞」記者 高橋真

反骨孤高の新聞人

合田一道

かつて、『アイヌ新聞』という名の新聞を作っていたアイヌ青年がいた――一九二〇年十勝・幕別に生まれ、アイヌゆえに警察官への道を閉ざされて、新聞記者に転じ、戦後一九四六年、ついに自ら『アイヌ新聞』を創刊する。アイヌの歴史と現状を訴える数々の評論も発表し続けた反骨のジャーナリスト、初の評伝。

近代日本の礎を築いた後藤の名著、復活

政治の倫理化

後藤新平　解説＝新保祐司

「普選」導入に際して、民主政の衆愚化を懸念し、一人一人の「自治」の延長にこそ政治の「倫理」があることを説いた**一九二六年のミリオンセラーの現代版**。政治腐敗と政治離れが進む今、必読の書が、読みやすい完全現代語訳で登場！「倫理観念の存否が、国家興亡の因をなす」。

農学研究機関草創期の初の包括的研究

近代日本の農学研究機関

山本悠三

明治期日本の農業近代化に際して、官・民の農学研究はいかなる組織の下で行われたのか、初の包括的研究。国立農事試験場長を二十年以上務めた「安藤広太郎」論を附す。

2月の新刊

タイトルは仮題、定価は予価。

パンデミックは資本主義をどう変えるか ＊
健康・経済・自由
R・ボワイエ　山田鋭夫・平野泰朗訳
Ａ５判　三二〇頁　三〇〇〇円

中国の何が問題か？ ＊
ハーバードの眼でみると
J・ルドルフ＋M・ソーニ編
朝倉和子訳
Ａ５判　三三六頁　三〇〇〇円

ワクチン　いかに決断するか ＊
1976年米国リスク管理の教訓
R・E・ニュースタット＋H・V・ファインバーグ
西村秀一訳
Ａ５判　四七二頁　三六〇〇円

新渡戸稲造 1862–1933〈新版〉＊
我、太平洋の橋とならん
草原克豪
四六上製　五四四頁　四二〇〇円　口絵８頁

3月以降新刊予定

祈り ＊
上皇后・美智子さまと
歌人・五島美代子
濱田美枝子・岩田真治

政治家の責任 ＊
政治・官僚・メディアを考える
老川祥一

「アイヌ新聞」記者　高橋真 ＊
反骨孤高の新聞人
合田一道

政治の倫理化 ＊
後藤新平

近代日本の農学研究機関 ＊
山本悠三

好評既刊書

寝室の歴史 ＊
夢／欲望と囚われ／死の空間
M・ペロー　持田明子訳
四六上製　五五二頁　四二〇〇円

金子兜太 ＊
俳句を生きた表現者
井口時男　推薦＝黒田杏子
四六上製　二四〇頁　二二〇〇円

いのちを纏《まと》う〈新版〉＊
色・織・きものの思想
志村ふくみ・鶴見和子
新版序＝田中優子
四六上製　二六四頁　二八〇〇円　カラー口絵８頁

〈藤原映像ライブラリー〉
シマフクロウとサケ ＊
アイヌのカムイユカラ（神謡）より
金大偉 監督・音楽・構成
宇梶静江 古布絵制作
アイヌ語朗読＝鹿田川見
アイヌ音楽提供＝宇佐照代
三五分　二〇〇〇円　DVD

民衆と情熱（全2巻）
大歴史家が遺した日記 1830–74
Ⅱ　1849〜1874年
J・ミシュレ
大野一道編　大野一道・翠川博之訳
四六変上製　九二〇頁　八八〇〇円　口絵４頁　完結！

「共食」の社会史
原田信男
四六上製　四三二頁　三六〇〇円

愛してくれてありがとう
玉井義臣
B6変上製　二四〇頁　一六〇〇円　カラー口絵８頁

シマフクロウとサケ（絵本）
アイヌのカムイユカラ（神謡）より
宇梶静江 古布絵制作・再話
A4変上製　三二頁　一八〇〇円　オールカラー

＊の商品は今号に紹介記事を掲載しております。併せてご覧戴ければ幸いです。

書店様へ

▼1／15（金）NHK『ラジオ深夜便』「人生の道しるべ／今こそ、アイヌの心を伝えたい」にて、宇梶静江さんインタビュー。『**大地よ！**　アイヌの母神、宇梶静江自伝』、絵本『**シマフクロウとサケ**　アイヌのカムイユカラ（神謡）より』を紹介。パブリシティが続いております。在庫のご確認を。▼1／24（日）『河北新報』「東北の本棚」欄にて『**新型コロナ「正しく恐れる」**』を大きく紹介。「過剰な感染予防に警鐘」、「コロナとの向き合い方を見つめ直し、長丁場を乗り切る知恵を与えてくれる一冊」。▼1／17（日）『中日・東京』にて『**ベートーヴェン　一曲一生**』書評。「何より印象的なのは言葉の重さだ。…本書を貫くのはまさにこの真摯さである。」（岡田暁生さん評）。▼1／9（土）『毎日』にて『**ブルデュー「ディスタンクシオン」講義**』書評（三浦雅士さん評）。▼1／16（土）には、「月刊ALL REVIEWS」オンラインイベントにて、著者石井洋二郎さんが鹿島茂さんと対談。『**ディスタンクシオン〈普及版〉Ⅰ・Ⅱ**』や関連書とともに引き続きご展開を。（営業部）

出版随想

▼一月末に札幌に行った。なかなかフライトの目途が立たず四時間余り待たされて、ようやく離陸した。が、東京に引き返すことはあるとのアナウンスもあった。一時に飛び立ち三時前に、激しい吹雪の中、ともかく新千歳空港に着いた。夕方からアイヌの集会がある。先頃製作した「シマフクロウとサケ」の映画の札幌での初自主上映と詩人の宇梶静江さんを囲むシンポジウム。このコロナ禍の中、主催者は集客を心配していたようだが、開演の時間が近づくにつれ、会場は予定以上の人で埋った。映画も万雷の拍手、終始参加者の熱気に包まれた中での二時間半だった。後半のトークの会も、石井ポンペ、結城幸司、原田公久枝さんらアイヌの軽妙酒悦な語りと演奏で、今アイヌの人びとが、何を考え、何を訴えようとしているのか、が明かされる会になった。これからこのアイヌの方々が持っているアイヌ力《ちから》をいかんなく発揮されることを期待したい。

▼想田和弘監督による〝観察映画〟「精神0」を観た。昨春の封切予定がコロナの影響で延期されていた。一三年前の「精神」に次ぐ第二弾。因みにこの映画は、最近ナント三大陸映画祭グランプリ「金の気球賞」を受賞した。主人公の精神科医、山本昌知医師が、病院務めを辞め、自ら一軒家を借り、開放された精神医療を施しておられた。一昨年年齢のことや諸事情で辞められた。それを機に想田監督が前作の続篇として、山本医師夫婦の日常と患者の心からの叫びを淡々と描いた作品である。音楽や過剰な描写は全くない。まさに〝写生〟そのもの。被写体は言わずもがな、撮る主体の感性が鋭い。二時間を超える作品だが、観客を退屈させない力をこの映画は持っている。

▼安野光雅画伯が亡くなられた。いつも皇居で、皇后様（当時）のお誕生会の席でご一緒した。それ程深いお話はできなかったが、小社の本への熱い眼差しを忘れることができない。「宮脇方式」で作られた和久傳の森に、「森の中の家　安野光雅館」が建てられている。今度ご一緒しましょう、というのが最期のお別れの言葉になった。何ともいえないあのパステル調の優しい画が好きだった。合掌。　（亮）

た自民党が、いま、その弊害を自覚して改革しようと決意したというのであれば、評価すべきであって反対する理由はない。新制度を作り、仮にそれが不幸にも不具合を起こすようなら、その時は再び改革すればよかろう、というのが私の考えだった。

民間政治臨調では、四つの委員会を設置して一年間に一〇〇回を超える会合を重ね、いくつかの緊急提言を重ねたうえ、九三年六月、独自の「政治改革大綱」を発表し、国会に対して実現を訴えた。（1）選挙制度については、衆議院の中選挙区制を廃止し、小選挙区制と比例代表制を組み合わせた新たな制度を導入する、（2）政策本位、政党本位の選挙制度を実現するため、政治資金制度の抜本的改革を前提に、新たに政党に対する公的助成制度を導入する、（3）首相および内閣の政治指導を強化するため、内閣官房を改組して内閣府を創設する、（4）内外の新しい政策目標に対応した省庁編成を行う――などが主な柱だ。

このほか参議院の選挙制度、国会審議のあり方などについての提言も盛り込んで、広範多岐、また大胆な内容となった。政治倫理の確立、腐敗防止といった狭義の改革にとどまらず、国際社会や国内情勢の変化と新しい課題に的確に対応できる政治のシステム、そして政権交代可能な、緊張感のある政治の実現をめざそうというのが基本的な考え方で、中央と地方の関係の見直しを含め、既存の政治構造そのものの変革につながる構想を打ち出したのが特徴だ。

それだけに、これらの改革を実行するための関連四法案の国会審議は、難航を極めた。改革そのものに正面切って反対しにくい政治情勢の中で、反対派は審議の引き延ばしという戦術で抵抗し、宮沢喜一首相の力量が問われる形となった。

日本の国会は、アメリカ議会のような通年制ではなく会期制をとっていて、会期内に成立しない法案は、次期国会に持ち越す継続審議の議決をしない限り、廃案となる。当時の梶山自民党幹事長らは、四法案について審議未了・廃案に持ち込む意向だった。これに対して宮沢首相は巻き返しをめざし、テレビのインタビュー番組で「私はやるんです。絶対にやります」と大見えを切って、会期を延長してでも成立を図ろうとしたが、梶山幹事長はじめ党の主要幹部は動かない。首相は結局、断念に追い込まれ、野党側から衆院に内閣不信任案が提出される事態となった。

当時は自民党の単独政権時代。内閣不信任案が出されても、数の上では圧倒的多数で簡単に否決できる状況にあった。不信任案が否決されれば内閣は信任されたことになる。ということは、政治改革法案を廃案に持ち込んだことも是認されたということになる。そうなれば、自民党内の、政治改革推進を主張して梶山氏らを揺さぶっている小沢氏らのグループに対しても勝ったことになり、一挙に決着がつくことになる。梶山氏らはそう考えていたに違いない。

そのころ私はたまたま、それまでの社説を書く論説委員の立場から、取材部門の政治部長に異動する内示を受けていた。政治改革法案の行方をめぐって政局が緊張しているさなかだ。社内の雑談で、まさか解散になるなんてことはなかろうな、という話になった時、私は妙な胸騒ぎを感じた。

「まあ、そういう見方の方が多いだろうが、しかし、あんまり自信を持ちすぎると足をすくわれることもあるよ。党内から造反が起きないとも限らないから、梶山さんも用心しないと、どんでん返しをくらうんじゃないか」

そんな予感が頭をよぎったのは、一九八〇年五月、野党側提出の大平正芳内閣に対する内閣不信任案が党内反主流派（三木派、福田派）の造反で可決され、史上初の衆参同日選挙に突入したケースを思い出したからだった。あの時も、前年からの四〇日抗争が尾を引いて、自民党内は大平・田中の主流派と福田・三木の反主流派の対立が続いていた。主流派は、反主流派が造反して野党提出の不信任案に同調することはあるまいと判断して、党内調整よりも力で反対派をねじ伏せる方針を取って不信任案の採決を強行したのだが、なんと、反主流派が衆院本会議を欠席する戦術に出て、不信任案は可決されてしまった。提出した野党側の幹部が「こんなはずじゃなかったのに」と、あわてて本会議場を飛び出していった姿が、今も私の目に浮かぶ。

案の定、一九九三年六月十八日の、野党提出の宮沢内閣に対する不信任案は、自民党内から造反者が出て可決され、解散、総選挙に突入、自民党は過半数を大きく割り込んで敗北し、三八年間続いた自民党単独政権はあっけなく崩壊してしまった。前年、東京佐川急便事件をめぐる金丸信副総裁の議員辞職（のち脱税容疑で逮捕）などで竹下派が分裂し、同派を飛び出していた小沢一郎、羽田孜氏ら三四人が、衆院の不信任案採決で賛成に回ったほか、武村正義氏ら改革派若手グループも自民党を離党して不信任案に同調したためだった。

小沢氏らは新生党、武村氏らは新党さきがけという新しい政党を結成して総選挙に臨み、それぞれ五五議席、一三議席を獲得、細川護熙氏の日本新党三五議席とともに、新党ブームを巻き起こした。自民党は二二三議席で、過半数割れとはいえ依然、圧倒的に大きな第一党の立場にあったが、小沢氏の主導で日本新党の細川氏を中心とする七党一会派の非自民連立政権が誕生した。

政策の異なる小政党が非自民の一点だけで寄り集まって政権を握るというのは、それまでの政界の常識からみてかなり無理があるし、旗印は改革だといってもその背景にあるのは自民党最大派閥内部の権力闘争だったという点で、異常な政局展開であったことは否定できないが、結果的に金権腐敗の政治体質に大きな風穴を開けたことは間違いない。権力欲の醜いぶつかり合いが政治の改革を推進するという皮肉な結果を生んだわけで、前章で引用したマックス・ウェーバーの用法をなぞれば、「善から悪が」の逆の、「悪から善が」生まれる結果をもたらした、政治の妙味とでもいおうか。誕生した細川政権は、新鮮なイメージで高い内閣支持率を記録した。国民の、政治改革への期待の大きさを証明する出来事だったといえよう。

平成デモクラシー

政治の変動は、一つの結果をもたらしてそこで終結する、というものではなく、その結果が原因となって、あるいはそれが他の分野の変化と連動して、次の新たな、さらに大きい変動を生み出すことがしばしばある。政治過程の進行は直線ではなく、螺旋階段を登り降りするような転変現象とみるべきだろう。政治改革のプロセスは、その好例といえよう。

九四年一月、細川首相と野党・自民党の河野洋平総裁の深夜の党首会談でついに政治改革四法案の成立が合意され、小選挙区・比例代表並立制の新しい選挙制度と、それに合わせて政党助成金制度の導入が実現することになった。個人のカネ集めとサービス競争の選挙ではなく、政党間の政策の競い合いの選挙にするためには、公費で政治活動を支える仕組みを作るべきだという考え方によるもので、年間の政治資金総額の三分の一に相当する資金を国費（国民一人当たり二五〇円の税金、総額三〇〇億円超）から各党の勢力に比例して支給する制度だ。

これによって選挙の仕組みと資金面の対策の両面から画期的な改革が実現したわけだが、改革の勢いはここで止まるどころか、今度は官僚制に対する攻撃に転化する。ちょうど九〇年代半ば頃から後半にかけて官僚の不祥事が目立ち始め、利権などとは縁遠いと思われていた厚生省の次官が収賄で逮捕されたり、一流官庁と思われていた大蔵省で「ノーパンしゃぶしゃぶ」事件が起きるなどで、官僚バッシングに火が付く事態となった。

選挙制度や政治資金の話であれば、政治家の利害に直結するから政治家同士のいがみあいでハチの巣をつついたような騒ぎになるが、官僚、それもエリート官僚が標的ということになれば、政治の側は与党も野党も足並みをそろえて一斉に攻撃に回る。一連の不祥事は、それまでのような「綱紀粛正の徹底」といった次元の対策で収拾できるような事態ではなくなり、明治以来の中央集権体質の改革、省庁縦割り行政体制の打破、官僚主導型政策決定プロセスの見直しなど、官僚制全体の改革が重要な争点として浮上する結果となった。

戦後も半世紀、五〇年を経過し、経済成長もバブルの崩壊で天井に頭をぶつけた時期を迎えていた。地下鉄サリン事件、北海道拓殖銀行の破綻や山一証券の廃業、総会屋への利益供与などの証券不祥事が相次ぎ、政界の方は連立政権の組み合わせが目まぐるしく入れ替わるなど、社会、経済、政治すべてが行き詰まりをさらけだし始めた時期である。折から、規制緩和や市場重視、小さな政府論などの新自由主義的経済思想の流行も、「官主導体制」批判に一段と勢いをつけ、政界は挙げて官僚攻撃に盛り上がった。

一九九六年に誕生した橋本龍太郎内閣が行政改革、財政構造改革、金融制度改革、経済構造改革、社会保障制度改革、教育改革の「六大改革」を打ち出したのはこうした状況下のことで、九八年にはそれまでの一府二二省庁を一府一二省庁に統廃合する省庁再編の基本法が成立、二〇〇一年一月から新制度がスタートした。

二〇〇一年四月に発足した小泉純一郎首相の「首相主導、官邸主導の政治」は、そうした橋本行革の果実をフルに活用したもので、その勢いは第一次安倍晋三政権に引き継がれ、安倍政権が短命に終わった後の政権交代で誕生した民主党政権は、それをさらに極端な形で、さまざまな「改革」を実行しようとして大混乱を招いた。首相官邸が幹部級官僚の人事を決める「内閣人事局」の制度が二〇一四年に安倍内閣によって創設されたことが、官僚が首相官邸の鼻息をうかがう「忖度」現象の元凶となったといわれているが、そのルーツも、九〇年代半ばからの官僚制批判にある。

こうした一連の、平成時代の大半の期間にわたって展開されてきた政治改革の運動は、「平成デモクラシー」とも呼ばれる新しい体制を生み、いくつかの変化を日本の政治にもたらした。たとえば、かつては政治を語る場合の常套語だった「金権政治」や「派閥争い」という言葉が、このところ、政界やジャーナリズムからほとんど聞かれなくなった。

中選挙区制に立脚していた派閥政治

私が政治の現場取材で国会や自民党本部あたりを走り回っていた一九七〇年代から八〇年代末にかけては、政治家たちの間で「ムラ」や「オヤジ」という言葉が頻繁に飛び交っていた。ムラは派閥のこと。派閥を村落共同体に見立てて、その中心にいる実力者が「オヤジ」だ。自民党全体が、封建社会のムラとイエの集まりという意識の中で運営されていたのだ。「うちのムラはね」「うちのオヤジは」といった会話で、派内の一致結束を図り、また各派間のハラの探り合いが行われて、総裁選をめぐる攻防が繰り広げられていた。

ムラやオヤジといった語感からは、のどかな情緒的人間関係を思い浮かべるだろうが、ムラは内にあっては結束志向、それも異端者に対しては村八分という排除の論理も含んだ結束力、外に対しては排他的な攻撃性、時には水争いのような激しい戦闘力も持った共同体がムラの実態である。田中角栄を中心に「鉄の団結」を誇っていた当時の田中派幹部、金丸信のセリフなどに、そうした自民党的ムラ社会の、独特の多面的性格が象徴されている。

一九八二年秋、鈴木善幸首相は自民党総裁選での再選出馬を断念し、「田中支配」に抵抗して後継人事でイニシアチブを握ろうとしたが、田中は逆に「後継は中曽根康弘だ」と宣言して、政局運営の主導権強化の意思を表明した。党内最大派閥・田中派の「数の力」を、他派の領袖を総裁に担ぎあげることに傾注し、それによって政局運営の主導権を行使するというのが、ロッキード事件で刑事被告人となって以後の、「闇将軍」田中角栄の戦略だった。そうした田中の支援を受けて首相になったのが鈴木であり、その前任者・大平正芳もそうだった。そして今度は、中曽根だという。

派内には、自派の幹部ではなく他派閥の領袖を担ぐばかりのそうしたやり方に、「籠に乗る人、担ぐ人、そのまた草鞋をつくる人」と、自嘲をこめて不満を漏らすものも少なくなかった。それに重鎮の金丸は日頃、中曽根嫌いを公言していた。派内のとりまとめは難航必至と思われていた。ところが、その金丸が幹部会の席上、立ち上がってこう凄んだ。

「このシャバは君たちの思うようなシャバではない。親分が右といえば右、左といえば左なのだ。それが嫌というなら、この派閥を出ていくほかはない。中曽根嫌いでは日本一の金丸信が言っているのだから間違いがない」（木下厚『政治家失言放言大全』勉誠出版）。

金丸のこの一言で派内の異論は一瞬のうちに抑え込まれたが、三年後の八五年一月、自民党幹事長となっていたその金丸が、今度は盟友の竹下登を担いで田中に謀反を起こす。

「派閥はなんのためにあるのか。総理総裁をつくるためにある。（田中派内に）人材がいないかと言えばそうではない。竹下君は世間でニューリーダーと呼ばれている。……ひとつみんなの力で育ててもらいたい。事を為す時には一気呵成にやらねばならん」

赤坂の料亭「桂」にひそかに集まった小沢一郎、橋本龍太郎、梶山静六ら田中子飼いの中堅幹部二五人を前に金丸はこう述べて、「血盟の契り」を求めた。竹下も立ちあがって「私は今、竹下登の一身を燃焼し尽くし、一身を国家に捧げる覚悟で参りました」と、決意を表明した。派中派「創政会」旗揚げの瞬間だった。

この時点では竹下、金丸ともに、表向きはあくまで田中の了解を得た「勉強会」の形でことを進めるつもりだったようで、田中も当初は「いいだろう」と鷹揚に構えていたが、数日のうちに「竹下陣営がカネをまいている」という情報が飛び交いだし、激怒する。とくに、田中が幹事長時代に初当選させた子飼いの梶山、小沢、羽田孜らが竹下陣営に加わっていたことは衝撃だった。創政会発足前夜、田中は秘書の早坂茂三を使って金丸を呼び出し、説得を試みようとする。早坂の『政治家は悪党に限る』（集英社文庫）によると、早坂と金丸の電話のやり取りは次のようだ。

「幹事長、兵を引いてください。八三人もの署名を集めたんですから竹下さん擁立の基盤はできた。田中や竹下さん双方を傷つけないためにも、明日の旗揚げを延期してくれませんか」

「そんなことを言ったって君、俺は大将なんかじゃないし、若いもんの意見もきかなくちゃなあ」

「ご冗談を……総大将は幹事長だ。『川崎』（赤坂の料亭）に席を設けております。よろしければ一時間後、お出向きください。田中も参ります」

「話はわかった。あとで電話する。平河町の事務所だな。オヤジもいるんだね」

「そうです」

そばでやり取りを聞いていた小沢一郎が金丸の袖を引っ張って隣室に連れ込んだ。

「何を言うんですか。出入りを前に弱い方が出向くのは、降伏するのと同じです。今夜いくなら棺桶を担いで果たし状を持っていくのが筋です」

梶山も「ここで引いたら竹下さんの目はなくなる」と押しとどめ、結局、金丸は田中との会談を拒否、予定通り翌日、事実上の竹下派、「創政会」が発足し、ほぼひと月後、田中は倒れる。

近年の、その時々の選挙の風の吹き回しで当選してくる「〇〇チルドレン」と呼ばれる若手政治家たちから見れば、まるでやくざの喧嘩出入りか戦国合戦ものの、時代がかった芝居のようで、実感からはほど遠い世界だろうが、当時は、演ずる人物たちは本気でその役回りを演じていたし、それが派閥政治の実態だった。

そうした派閥間、あるいは派閥内の抗争や、その背景となる選挙区での同士討ち、それに勝ち抜くための資金とポストをめぐる競争、カネのかかる政治体質といった現象は、ほとんどすべて、中選挙区制という選挙制度に由来していた。その中選挙区制が廃止されて小選挙区制に代わり、またそれに合わせて政党助成金制度が作られたことで、個人のカネ集めの負担がかなり軽減されたし、それに伴って派閥の存在理由も薄くなった。総裁選の多数派工作で巨額のカネが乱れ飛ぶというような話もなくなった。かつては、投票を依頼された議員が二カ所の派閥から、あるいは三カ所からカネを受け取るケースを「ニッカ・サントリー」と呼んだりしたが、いまではほとんど死語となってしまった。政治改革の「功績」の一つといってもよいだろう。

様変わりする「政治とカネ」

もちろん、そうはいっても、カネをめぐるスキャンダルが政界から一掃されたわけではない。「政治とカネ」をめぐる醜聞は、いまも相変わらず報道されたり国会質疑で取り上げられている。ただ、金額のケタが小さい、あるいは使い道がせちがらい、見え透いたウソが多い、といった点に、ひと頃までとは大きな違いがある。

政治資金収支報告書には「政治活動費」と記載されているのに、中身をみると支払い先はキャバクラやニューハーフパブだったという事例や、芸者の花代が「組織活動費」、高級クラブの代金が「会議会場費」としてそれぞれ報告されていた、などのケースがいくつも、また与党・野党を問わず、露見している。これなどは、とうてい改革の成果というわけにはいかないし、むしろ次元の低さにげんなりさせられるが、これも政治改革がもたらした結果の一つであることは間違いない。

乱脈な政治資金の取り扱いを規制するため、一件一万円以上の支出は収支報告が義務づけられるようになった。また、政党助成金に関しては、党に交付されたうえで議員に配分されたものについては、一件五万円以上の支出の明記が決まった。いずれも政治資金の使途の透明化が目的なのだが、まさか飲み食いや遊興に使ったことをその通りに報告するわけにはいかない、というわけで苦し紛れに「政治活動」や「組織活動」の項目に紛れ込ませているのだろう。議員が一人で食事した「ひとりメシ」の領収証が「政治活動」と報告されていた、なども珍しくないのが実情だ。

また、政党助成金は本来、政党の活動に対して交付されるもので、交付を受けた資金は政党本部から各選挙区の党支部にも配分され、党の中央、地方での政治活動に使われる仕組みになっている。しかし実際には、国会議員が支部長を兼ねているケースが多いため、支部長の資金管理団体や後援組織への支給は事実上、議員個人に交付されているのと変わらない状態になっている。しかも、法律では、助成金は「適切に使用されなければならない」とあるだけで、使途については制限がなく、また使い切れないで残った資金の返還義務も明示的には書いてないので、交付金の受け取りを拒否している共産党以外の政党は、残金を「政党基金」としてため込んでいるのが実態とされる。

最近、やたらに目立つのが小さな政党の離合集散だ。新しい政党が生まれたかと思うと、たちまち分裂したり他の政党と合併して、別の名前の政党に姿を変えてしまうケースが相次いでいる。それも、年末になるとそうした動きが頻繁に起きている。これも実は、政党助成金の交付と深い関係がある。

政党助成法に基づいて交付金の支給を受けることができる政党は、国会議員が五人以上いるか、あるいは議員は一人でも直近の国政選挙で有効投票の二％以上の得票を得たか、のどちらかが条件となっている。また、交付金の額は、原則として毎年一月一日のその党の勢力を基準に算定されることになっている。ということは、年末の時点で二つの条件のどちらかを満たしていれば、国費で「政治活動」ができる仕組みになっているわけで、小党でも数千万円から数億円の資金を受けられることになる。

既存の政党内で不自由な思いをしているより、いっそ分裂して新党の旗を立てた方が、カネも自由に使えるし、発言もしやすくなる、と考える議員がふえるのも自然だろう。多様な民意を集約して政策に反映させるのが政党の役割であり、そのために党内のさまざまな意見を集約して、まず政党としての意思を形成するのが政党の本来の使命なのだが、現実には、そうした集約とは逆の、分散の方向への機運を促進する効果を発揮する結果になっているのは、なんとも皮肉な話だ。

他方で、無所属議員にとってはつらい制度だといえる。所属していた政党が分裂したり他党と合併した場合、同調せずに自分の所信を貫いて、どの政党にも所属しないことを選ぶ議員もいる。しかし、助成金は政党が対象だから、当然、政党に属さない議員には支給されない。よほど地元選挙区に強固な地盤があるか、自前で政治資金を調達できる支持者がいる人は別として、ふつうはたちまち資金不足に陥って、政治活動や選挙に備えた準備の活動も十分にできず、次の選挙での当選がおぼつかなくなる。政党所属議員に比べるとかなりのハンデキャップだから、あくまで無所属で頑張るか、意に反してでもどこかの政党に遅れて参加するか、その動向が政界の流動要因の一つとなる。

五五年体制の終焉

これら政党の離合集散は、冷戦構造が崩壊した後の、政党のアイデンティティをめぐる混乱期とも重なっていることを見落としてはなるまい。一九九〇年代に入って、ソ連の崩壊、経済のグローバル化、脱イデオロギーの時代を迎え、それまでの自民党vs社会党、あるいは保守vs革新の、「五五年体制」と呼ばれる対立の構図が、基盤を失ってしまったことが大きな要因である。

　もともと、戦後の政党構造自体が、国際情勢を反映する形で、拡散と統合のプロセスを変遷してきた歴史がある。昭和前期の大政翼賛会の結成と解散によって、明治、大正期を通じて発展してきた日本の政党政治はほぼ壊滅状態となったが、一九四五年の敗戦と連合国の占領による民主化によって、再び息を吹き返した。一九四六年の衆院選挙では三六三もの団体が、政党として名乗りをあげたといわれ、三二の政党が議席を得た（間柴泰治・柳瀬晶子「主要政党の変遷と国会内勢力の推移」『レファレンス』所収）という。

　まさに雨後のタケノコのようなエネルギーの噴出で、政界はしばらく多党化の局面が続くが、やがて規模の大きな政党への集約が進む。そのきっかけとなったのが、一九五〇年の朝鮮戦争の勃発だ。

　幸い日本が戦場になることはなく、むしろ戦場である朝鮮半島の後方基地として物資の生産が活発化した。この「朝鮮特需」が戦後日本の経済復興の原動力となったのだが、隣国で凄惨な戦争が起きたことは、国民の間に再び戦争の悪夢をよみがえらせ、日本全体を緊張感で包むことになった。前年の一九四九年には中華人民共和国が誕生し、五〇年には中ソ友好同盟条約が結ばれていて、共産主義、社会主義陣営の躍進ぶりは、とくに保守陣営に危機感を抱かせた。

　戦前からの対立を引きずって、それまでにらみ合っていた自由、日本民主の保守両党が、一九五五年秋、社会党の統一を機に一気に合同に踏み切ったのは、こうした背景による。「五五年体制」と呼ばれる自民党vs社会党の対立構造は、親米反ソか親ソ反米か、資本主義か社会主義か、西側陣営か東側陣営か、自由主義か全体主義か、改憲か護憲とかいう、日本の進路をめぐる路線対立、あるいはイデオロギーの対立でもあった。

こうした中で行われた一九五八年五月の衆院選挙では、自民、社会、共産の三党でほぼ全議席を占める政党寡占状態となった。六〇年の安保条約改定をめぐる混乱で社会党右派が離党して民社党を結成する。のちに公明党が登場し、政党構造は自民、社会、中間政党（民社、公明）、共産党という形に変わり、また七〇年代以降は経済成長のひずみや公害問題など、社会・経済情勢の変化を受けて保革伯仲の情勢も生まれたが、対立の主軸は自民vs社会の保革両勢力で、冷戦期のほぼ三〇年間にわたって「五五年体制」は継続してきた。

その構造を支えてきた冷戦構造が突然、八九年から九〇年にかけて崩壊してしまったのだ。自民党にとっては親米路線、資本主義経済、自由主義の勝利といえるが、敵対勢力が衰退してしまうと、これはこれで自民党自身の存在理由も薄くなる。そこで政権維持それ自体が自己目的化することになって、これが党内の権力闘争やカネをめぐる争いやスキャンダル続出の温床となり、党内の結束も緩む。一方の野党陣営、とくに社会党の場合はもっと深刻だった。国民に対して、自民党に代わる大きな選択肢を示すことができなくなっただけでなく、政党としての自らの存在理由さえ示すことが難しくなった。九四年に、それまで対立していた自社両党がさきがけとともに「自社さ」の連立政権を組み、社会党党首の村山富市さんが首相になって「自衛隊合憲」にカジを切り替えたため、「護憲の党」の看板も失ってしまった。九六年、社会党は村山さんの退陣とともに党名を「社会民主党」に改称したが、以後、衰退の一途を辿る。

社会党だけではない。政権に座にあることがかろうじて党としての絆となっていた自民党の側も、九三年、政治改革問題をめぐる大混乱で政権を失うと、たちまち恐慌状態に陥る。細川、羽田の非自民連立政権側に走るもの、独自に新しい政党を作るもの、あくまで自民党政権の復活を画策するもの、などで四分五裂。首相経験者も含めて百数十人もの議員が離党したり、また復党したりの流動状態となった。社会党の村山さんを担いで九四年に自社さ連立の形で政権に復帰したが、もしこれがあと一年も遅れて、そのまま野党暮らしが続いていたら、自民党という政党は瓦解・消滅していたかもしれないとまでいわれる。

政党のアイデンティティ

そのころ、新聞社の政治部長だった私は、政治学者や他社の同僚記者などとともに、自民党の中堅幹部たちの勉強会に招かれたことがあった。話題は、自民党は政党としてのアイデンティティをどこに求めるべきか、が中心だった。

政党のアイデンティティに関する議論は、当時、日本だけでなくヨーロッパ諸国でも盛んだった。社会の階層や宗教といった社会的な「溝」が政党組織に反映されているといった解説が出席者の意見にあって、「なるほど」とうなずいた議員が、「じゃあ日本の場合、どんな溝がいいか、なにかアイデアはないものかねえ」と、私に向かってもどかしそうに問いかけた。それまで私も、そこでの議論にもどかしさを感じていたので、思い切って口にした。

「水をかけるつもりはありませんが、私は話が逆のような気がします。先生方が日本の進路や基本的な政策についてどう考えるか、それが先でしょう。ヨーロッパと違って日本は、階層間や民族間、あるいは宗教上の対立からくる溝は少ないので、同じ議論を当てはめるには無理がある。とはいえ、各人それぞれの立場によって利害も考え方もみな違う。まず自分はこう考えるという意見を持つことが先にあって、それら異なる意見の意味や背景を学者や新聞記者が読み取って論評する、ということではないですか。もちろん、私にも意見はありますが、先に『溝』を探すというのは議論の順序が違うと思います」

こんなやりとりを思い出したのも、当時の議員たち、それもかなり良質な政治家たちが、何をどう考え、どう身を処したらよいのかわからず、途方にくれていた姿が目に焼き付いていたからだ。

実際、この時期、自民党に限らず他の政党でも、多くの議員たちが、政党を出たり入ったり、作ったり壊したり、すさまじい右往左往ぶりを示した。前述した「主要政党の変遷と国会内勢力の推移」は、明治期から二〇〇〇年代初頭までの政党の変遷を丹念に調べて図式化したものだが、それによると、たとえば一九九二年から二〇〇二年までのわずか一〇年間で、三四もの政党が生まれ、そして消滅した。

九二年・日本新党
九三年・新党さきがけ、新生党
九四年・新党みらい、自由党、公明新党・公明、新進党、民主改革連合、自由連合
九五年・市民リーグ
九六年・新社会党・平和連合、社会民主党、新社会党、民主党、太陽党
九七年・自由の会、フロムファイブ
九八年・黎明クラブ、新党平和、国民の声、改革クラブ、自由党、新党友愛、民政党、民主党、さきがけ、公明党、自由連合、参議院クラブ
九九年・無所属の会
二〇〇〇年・保守党
二〇〇二年・みどりの会議、保守新党

いま、これらの政党のほとんどが、同じ名称では存在しない。さらにその後、国民新党、みんなの党、新党改革、たちあがれ日本、太陽の党、日本維新の会などが次々と生まれ、また最近では民主党政権の誕生と崩壊、そして民主党の民進党への改称、さらに立憲民主党と国民民主党への分裂など、政党の漂流状態はなお続いている。

冷戦崩壊後の、グローバル化時代の流動化した国際情勢と、政治改革のもたらした選挙や政治資金に関する制度変更、また省庁再編など、一連の「政と官」の改革の動きによって、政治状況は大きな変動の渦中にある。みてきたように、「金権政治」「派閥争い」がなくなったことは改革の大きな「功」の部分だったといえるが、反面、政治家の質の劣化、官僚の無気力化、質の劣化といった「負」の現象もまた続出している。そしてこれらの現実もまた、改革がもたらした結果であることを直視する必要がある。

政治家の劣化

とくに、目にあまるのが政治家たちの質の低下である。前章までいくつもの事例をみてきたが、失言、放言、不品行があとをたたないのもその一例といえる。

失言や放言、暴言はいまに始まったことではなく、「貧乏人は麦を食え」(一九五〇年、池田勇人蔵相)、「無礼なことを言うな、バカ野郎」(一九五三年、吉田茂首相)、「デモは騒がしいようだが、神宮球場は今日も満員だ」「私は声なき声に耳を傾ける」(一九六〇年、岸信介首相)などは、いまも歴史的な放言として語り伝えられている。しかし、これらの発言は、国会論戦で挑発されたものや、口にした人物の人柄や個性がうかがわれるものが多く、一種のなつかしささえ感じさせるが、最近の失言となると、与党、野党を問わず、自分で勝手に滑って転んだような、語る人のお粗末さばかりが目立つ。それも、当選したての若手議員だけでなく、現職閣僚までが口を滑らせて更迭の憂き目に会っている。

「大震災が東北でよかった」
「私は(首相らの意を)すぐに忖度します」
「復興より議員(の当選)が大事」
「北方領土返還は戦争で」

大体が選挙の応援演説や後援会など仲間内の人たちとの会合で、ウケを狙ったつもりの発言が多いが、聞く人がどう感じるだろうかを考えれば防げそうなことばかりだ。たまりかねた自民党は、二〇一九年五月、参院選挙を控えて、「失言や誤解を防ぐには」というタイトルの、失言防止マニュアルを作成して議員らに配布した。

「発言は(一部を)切り取られることを意識する」

「強めのワードに注意」

「弱者や被害者に触れる際は一層の配慮を」

などと、懇切丁寧に禁句を説明している。気心知れた身内と話すような、ウケを狙った雑談口調の表現や、周囲の喝采に引きずられると危険だなどと、どれももっともなことばかりが指摘されている。内輪の話と公の場での発言のけじめなど、公人であれば当たり前のことばかりだ。いや、公人ではなく我々世間一般の間でも、親しい仲間同士で冗談をかわすことと、外でしゃべる場合のけじめくらい、言われなくてもみな心得ているだろう。

『読売新聞』の第二社会面の左下隅に、「ＵＳＯ放送」という小さな囲み記事がある。その時々の話題について、読者が、新聞の見出しのような数語で、巧みな風刺を投稿する欄で、私は毎朝楽しみに目を通しているのだが、自民党の失言マニュアルが報じられた翌日の作品には、思わず声を出して笑ってしまった。

「失言防止マニュアル『一般常識マニュアルだ』――国民」

一般常識にも達していない政治家たちの非常識ぶりを、見事に言い当てた投稿者のセンスには敬服するばかりだが、その現実を笑ったりさげすんだりしてばかりもいられない。なぜこんな事態になっているのか、なぜこれほどの政治家の劣化が進んでしまったのか。その原因や背景をしっかりと見極めて、改革を急がなければならない。

劣化の要因は、これまで述べてきたところでも明らかなように、政治改革がもたらした影響の、負の部分と深くかかわっているように、私には思える。とくに、小選挙区制の導入によって、候補者がどぶ板を這いまわるような地道な努力をしなくても、支持率の高い政党、追い風に恵まれている政党から、選挙の際に候補者としての公認をもらえば、かなりの確率で当選できる状況になった。公認をもらうには、高い学歴や、外資系など有名企業の勤務経験、あるいは中央官庁の出身といった経歴が、公募で候補者として審査を受ける際の有力な武器になる。頭がよくて弁が立つけれど、人間関係に関心が薄い、人の心が読めない、社会的常識に欠ける、といった人物が時として当選して議員バッジをつけるケースが出てくるといわれる。

もちろん、これらは例外的な存在ではあろうが、失言、放言だけでなく、議員宿舎にいかがわしい人物を連れ込んでいた、などといった不品行の事例なども報告されているから、一部は現実の話と考えざるを得まい。また、党内で各省庁の役人を呼んで勉強会を開くような場合でも、遅れて入ってきて質問や意見を表明し、言いたいだけ言うとさっさと帰ってしまう新人議員もいるという。「意見をいうのが政治だと考え違いをしているのかねえ。自分で質問しておいて、答弁も聞かずにだよ」と、ベテラン議員が嘆くのを、わたしは何度も耳にした。

失言防止マニュアルと合わせて議員らに配布された「遊説活動ハンドブック」の冒頭には、「原点と挑戦」として、次のような言葉が掲げられている。

「歩いた家の数しか、票は出ない。握った手の数しか、票は出ない」

選挙の神様ともよばれた田中角栄さんが、立候補を予定している新人候補らに必ず言って聞かせた言葉だ。選挙区をくまなく回れ。有権者に会ったら必ず手を握れ。自分で歩かずに企業の幹部や後援者に口をきいてもらうだけでは、票にはならないぞ。

「その通りだったね。私も父のあとを継いで選挙に出ることになって角さんのところにあいさつに行ったら、『握った手の数しか票は出ないぞ』といわれた。選挙が終わって票数を数えたら、本当に私が握手した人の数とほとんど一緒だった」

かつて田中派から当選して、いまはベテランとなっている二世議員の一人は、感慨深げにそう語る。当時は中選挙区時代だったからでもあるが、党の公認をもらっただけでは大した保証にはならない。公選法で禁じられている戸別訪問にあたらないよう、選挙になるより相当以前から、自分で友人、知人の縁などを頼りに歩き回って後援会などネットワーク作りに精を出す。その積み重ねが選挙時の得票になる。

この人たちのおかげで議員になれた。この人たちのために国会で活躍できる。そうした感謝と使命感が、苦しい選挙戦を戦い抜く力になり、また有権者一人ひとりと手を握り言葉を交わすことで、一般社会の生活実感を肌で学び取ることができる。国会議員が特定の支持者ら個別利益の代弁者になってはならないのは当然だが、生活者たちが何に苦しみ、不満を抱き、何を期待しているのかを敏感に受け止め、それを国政の場で政策としてどう展開するかを考えるのが、政治家の役割である。

政党の執行部が、一般市民なら常識として身につけているような心得を、改めて所属議員に「失言防止」マニュアルとして説かなければならない昨今の現実は、その意味で、単なる冷やかしや風刺ではすまされない、もっと深い問題を示唆しているように思える。それは、政治家の側に、自分が国民の代表だという、公人としての自覚が薄れているのではないかということだ。小選挙区制になって、有権者と密接な触れ合いがなくても当選が可能になったおかげで、まずその政党の候補者になること、そのためには公募の審査にパスすることが当面最大の課題のようになっている。そしてめでたく当選を重ねれば、早い人で当選二、三回から、与党であれば内閣の役職に就ける。

「官僚主導から政治主導へ」のスローガンのもとで、与党から内閣の構成メンバーになる場合の役職は、かつての「大臣」と「官房副長官」「政務次官」という構成に代わって、二〇〇〇年の第二次森喜朗内閣から「大臣」「官房副長官」「首相補佐官」「副大臣」「大臣政務官」にふえ、民主党政権時代をへて、二〇一五年の第三次安倍晋三内閣からさらに「大臣補佐官」も加わって、六つの役職が議員に提供されている。この結果、「入閣」する議員は二〇〇〇年に六八人だったのが二〇一八年十月時点では七八人となり、与党議員の一七%が官職についている。

しかも、この数字は組閣や内閣改造時点のもので、顔ぶれはそのつど入れ替わるから、二、三年もすればかなりの数の議員が官職を経験することになる。これら官職についた議員には、各省庁とも一人ひとりに執務室、秘書、そして車が提供される。民主党政権時代は極端な「政治主導」の試みとして、官僚の参加を禁じて大臣、副大臣、政務官の「政務三役」会議で役所の方針や政策を決めようとし、大混乱を招いた。その後復活した自民党政権は、さすがにそれほど極端な官僚排除こそ改めたものの、部屋、秘書、車つきの待遇はそのまま継続されている。

公募のハードルを突破して、選挙で風に乗って当選し、数年たてば官職に就けるというシステムになったことで、議員バッジをつけることは、とくに与党の場合には、国民の代表に選ばれたというより、大企業に就職して役員ポストについたかのような錯覚を生むのかもしれない。立場は公人であっても意識は私人のままで、国民の目に対する感性が薄い人物がふえたように思える背景に、そうした事情が作用しているように思えてならないのは残念なことだ。

どんなによかれと思って導入した制度でも、時間の経過とともに、また国際情勢など外部環境の変化によって、当初の目的と違って弊害の方が目立つようになるものだ。「政治改革」も、ひと昔前まで政治の代名詞のようにいわれた「金権腐敗」や「派閥抗争」を減少させる効果をあげたのは成功だったが、政治資金処理をめぐる見苦しい不祥事や低レベルの失言、暴言の続発、「政と官僚」双方の質の劣化による政治・行政の機能の低下といった弊害が生じていることは明らかだ。政治改革運動の端緒となったリクルート事件から三〇余年の歳月をへた今、もう一度、政治と行政の問題点を総点検し、新たな改革、すなわち「政治改革第二幕」に取り組む時期に来ているのではないか。

第6章

言論とメディアの責任

FINAL

Herald Examiner

Chicago's NEWSpaper

MONDAY—OCTOBER 31—1938

2 CENTS

RADIO FAKE SCARES NATION

Hysteria among radio listeners throughout the nation and actual panicky evacuations from sections of New York and New Jersey resulted from a too-realistic radio broadcast last night, describing a fictitious visitation of strange men from Mars.

MOTHER

Her Mother Slain

Hundreds of excited Chicagoans were deceived, and besieged newspaper offices, police headquarters

「火星人襲来」事件を報じるアメリカの新聞紙面（1938 年 10 月）

ついうっかりだといっても、失言、放言の責任は免れない。それがさらに、歴史と伝統のある月刊誌の論文で、政治家が人権軽視と疑われるような意見を発表し、過激な言葉のぶつけ合いを巻き起こすとなると、当の政治家個人の資質の問題にとどまらず、もっと別の、極論、暴論こそが正論であるかのような錯覚に満ちた、最近の言論空間それ自体の劣化現象が浮かび上がってくる。

言論空間の劣化

二〇一八年秋に起きた月刊誌『新潮45』の休刊騒動は、その一例といえる。同誌八月号に掲載された自民党の杉田水脈《みお》衆院議員の寄稿論文「『LGBT』支援の度が過ぎる」が人権軽視という批判を浴びたのに対し、十月号はそれに反論する「そんなにおかしいか『杉田水脈』論文」という特別企画を組んで、杉田氏を擁護する論考などを掲載した。これがさらに批判を増幅させ、発行元の新潮社・佐藤隆信社長が「常識を逸脱した偏見と認識不足があった」ことを認めるコメントを発表する事態となった。

それでも騒ぎは収まらず、新潮社周辺にはツイッターなどの呼びかけで抗議の人びとが押し掛けたり、書店や作家の中からも批判の声が上がったりしたため、新潮社はコメント発表から四日後、『新潮45』の休刊を発表し、事実上の廃刊に追い込まれてしまった。三六年の歴史を持つ月刊誌の、みじめな終末だった。

レズビアン、ゲイ、バイセクシャル、トランスジェンダーの頭文字をとったＬＧＢＴについてはさまざまな意見があるし、あってよいのだろう。杉田議員が雑誌で反対意見を述べたり、ＬＧＢＴ擁護派の一部の過激な主張に批判的な所見を表明したとしても、それ自体は必ずしも非難するにあたらない。

問題は、反対意見の表明にあたって杉田氏が、「子供を作らない、つまり『生産性』がない」といった表現で、人間の生命の尊厳や性向について経済的観点から否定的に断罪したかのような印象を与えたことが、性的少数者に対する許しがたい差別だという批判を招いたのだった。加えて十月号の、杉田氏を支持する論考の中で、文芸評論家・小川榮太郎氏が、ＬＧＢＴを痴漢と同列視するかのような表現を使ったことが、人権擁護派だけでなく多くの人々の憤激を煽る結果になってしまった。

論文を読んでみると、杉田氏はＬＧＢＴの人たちが「生産性がない」といったわけではなく、少子化対策として子育て支援や不妊治療に税金を使うのと違って、同性愛者の場合、「彼ら彼女らは子供を作らない、つまり『生産性』がない」から税金で支援するのが果たしていいのかと述べていて、子供を産むことを「生産性」という言葉に置き換えて、行政の在り方について問題提起する言い回しになっている。

とはいえ、出産・育児を「生産性」という言葉で語ること自体に違和感を持つ人があるのは当然のことだ。少子化や人口減少問題を語る演説で、女性を「産む機械」に例えて大ヤケドをした大臣もいた。それくらいのことすらわきまえていないという方が不思議に思えてならない。

小川氏の論文も、いわんとするところは、ＬＧＢＴ擁護の運動が個人の性的指向の尊重というレベルを超えて、男女の結婚を前提とする伝統的な共同体秩序の破壊につながりかねないことに警鐘を鳴らすところにあったのかもしれない。しかしそうはいっても、次のような言葉に出くわすと、あぜんとせざるをえない。

「ＬＧＢＴの生き難さは後ろめたさ以上のものだというなら、ＳＭＡＧの人達もまた生きづらかろう。ＳＭＡＧとは何か。サドとマゾとお尻フェチ（Ass fetish）と痴漢（groper）を指す。私の造語だ」

「満員電車に乗った時に女の匂いを嗅いだら手が自動的に動いてしまう、そういう痴漢症候群の男の困苦こそ極めて根深かろう。……彼らの触る権利を社会は保障すべきではないのか」

小川氏は、本気で痴漢症候群の男の権利を擁護しろと言っているのだろうか。そうではあるまい。性的指向を、尊重すべき個人の権利だといってどんどん拡大していくと、痴漢の権利まで容認しなければならなくなるではないか、という見解を逆説的な表現で述べたもののように読める。しかし、仮にそうだとしても、ＬＧＢＴ問題を、刑法上の明白な犯罪である痴漢行為と同列に論ずるかのような言い回しは、明らかに理解の度を超えているとしかいいようがない。

ほかにもっと言いようがあるのに、なんでわざわざこんな物議をかもすような言葉を使うのか。杉田氏と小川氏に共通して感じる疑問である。と同時に、この点にこそ疑問を解くカギがありそうにも、私には思える。刺激的な言葉、過激な言葉ほど世の中でウケる、という近年の社会的風潮の一端が、この『新潮45』問題に象徴的に現れたのではないか。

問題になった杉田氏の論文には、著者の紹介として『なぜ私は左翼と戦うのか』という著書があることへの言及がある。そこから類推できることは、第一に、杉田氏は『新潮45』の論考を執筆するにあたって初めから、ＬＧＢＴ擁護の運動家を左翼、あるいはリベラル集団と見立てて、そこに戦いを挑むという積極的な心理が働いていたのではないか、という問題だ。そしてまた、『新潮45』側も、そうした期待をもって杉田氏に執筆を依頼したのではないか、というのが第二の問題だ。

『新潮45』は、新潮社の月刊誌として一九八二年に創刊され、ノンフィクションなどを中心に最盛期の二〇〇二年には一〇万部前後の売れ行きを誇ったが、最近は出版不況、とくに雑誌部門の不況によって、発行部数は一万数千部にまで落ち込んでいたという。杉田論文問題についての弁明で、新潮社の役員が「なんとか部数を上げたい中で無理をしたようだ」と語ったことにも、過激な表現で物議をかもすことを、むしろ出版社側もあらかじめ想定して掲載したことがうかがえる。

眼を覆うばかりの暴論・極論の隆盛

出版市場は近年、インターネットやスマートフォンなどデジタル・メディアの急速な発展によって、売り上げの減少が続いている。二〇一八年で見ると、前年比で書籍がマイナス七%弱、雑誌はマイナス一〇%強で、ともに大幅な落ち込みを記録しているが、雑誌の減少が一段と目立つ。ただそうした中でも、韓国・北朝鮮、中国などを悪しざまに罵る「ヘイト本」と呼ばれる種類の本や雑誌は比較的好調で、そのためか出版社も執筆者も必要以上に過激な表現に走り勝ちになる傾向が、かねて広く指摘されてきた。

嫌韓本、嫌中本が書店に増えだしたのは一九九〇年代半ばからだったように記憶している。「従軍慰安婦」問題や、首相の靖国神社参拝をめぐる歴史認識の問題などで、韓国や中国からの対日批判が執拗に繰り返され、また日本国内でもこれに呼応する一部の左派的な市民運動団体などの動きが高まるのに対抗するように、右派陣営からはそうした「自虐史観」への反発が強まり、激しい差別用語を交えた非難合戦が展開されるようになった。

ヘイト本やインターネットにおけるヘイトスピーチはやがて、韓国、北朝鮮、中国などとの外交関係だけでなく、原発問題、障碍者や災害被災者などいわゆる社会的弱者と呼ばれる人たちへの対応などをめぐっても投げつけられるようになり、右派、左派双方で「殺せ」「地獄に堕ちろ」などといった暴言の応酬が盛んになった。とくに特徴的なのは、右派的、左派的主張のどちらも、いわゆるプロの運動家というよりは、ふだんはこれといった政治的意見を持たないような、一般の市民と思われる人たちが発言者になっているとされることだ。インターネット特有の匿名性が、そうした行動にあたっての心理的抑制を失わせているとみられる。

人は誰でも日常生活において、満足感や幸福感だけで生きているわけではない。職場や地域の人間関係で、あるいはさまざまな現象を見たり聞いたりする中で、気に入らないことや不快な思いを感じるのがふつうだろう。しかし、それをあからさまに口にしたり態度に表したりすれば、社会生活は成り立たないこともわかっている。だから粗暴な言動はしないように自己抑制しているのが、これまたふつうのことだ。その心のタガが、インターネット時代に入ってすっかり外れてしまったようだ。人を思いきり罵りたい、タブーとされている差別用語を思う存分使ってみたい、という非倫理的欲望を、ネットの匿名性が解放してしまったといえるのかもしれない。

日本だけの現象ではないようだ。アメリカのトランプ大統領が、これまでだったらたちまち失脚しても不思議はないような暴論、極論を続けながら、就任後も引き続き底堅い支持を維持し、再選に失敗した二〇二〇年大統領選でも熱狂的な支持を獲得できた秘密も、そこにあるといわれる。

二〇一六年大統領選で、当初は泡沫候補のようにみられていたトランプ氏が、あれよあれよという間に予備選挙と大統領選挙を勝ち抜いて大統領に就任した背景としてよくいわれるのは、ラスト（錆びついた）ベルト地帯と呼ばれる中西部の、自動車製造など衰退産業に従事するプアホワイト（白人貧困労働者層）の支持を獲得したからだという事情である。それは事実そうなのだろうが、それだけではないようだと、アメリカから帰国した知人が当時語ってくれたことがある。

「金持ちで、かなり知的レベルの高い人たちの中にも、意外にトランプ支持者が多いのに驚いたよ」

どうしてなのかと、その知人がアメリカの友人に聞いてみたら、「いままで我々が胸の中で思っていても口にできないようなことを、大統領が言ってくれているからね」というのが答えだったという。

移民に対する苦々しい思いだけではない。ＬＧＢＴの擁護など、リベラル派のさまざまな過剰な権利要求に不快感を抱きながらも、「ポリティカル・コレクトネス（政治的正しさ）」に反するわけにもいかず、いら立ちをくすぶらせていた。そうした思いを代弁するように、アメリカ大統領が先頭に立って、あけすけに批判したり攻撃（口撃）してくれる。当初はトランプ氏の下品な振る舞いに眉をひそめていたエスタブリッシュ層も、胸のすく思いで支持に転じているということらしい。

欧州でも、移民の流入に対する反発が、経済格差の拡大などの社会情勢と重なり合って、排外主義的なポピュリズムの運動に拡大し、各国の既存の政治秩序を揺るがせている。デモや差別用語のぶつけ合いなどで、社会の亀裂や分断が表面化している。自由や平等という普遍的価値の尊重、少数者の権利保護といった寛容な精神は、民主主義社会を成り立たせる根本原理なのだが、リベラル派とか改革派と呼ばれる人たちの、一部の行き過ぎた主張や運動が保守派を刺激し、またそれに対する反発がリベラル派の過激な言動を増幅させるという悪循環によって、民主主義それ自体が危うい状況に陥りつつあることは、多くの知識人たちの著作で指摘されているところだ。

意見は表明されなければならない。人々が社会のさまざまな問題に関心を持ち、それについての意見を自由に表現することは、民主主義社会の基本である。しかし「発言」は、必ずしもそのままでは「意見」とは呼べない。感情、それも他者に対する憎悪や嘲笑の言葉は、「発言」ではあっても激情、というより劣情の発散であって、「意見」ではない。よく、耳を覆いたくなるような言葉を吐きながら、とがめられると「表現の自由を制限するのか」と逆上する人がいるが、感情のむき出しの発露と、知性に裏付けられた意見とを、混同しているとしか思えない。

成立しない対話

ネットの世界にあふれかえっている、非寛容で過激な他者攻撃の発言者たちの生態を描いた物江潤氏の『ネトウヨとパヨク』(新潮新書)は、『ネトウヨ』はネット右翼、『パヨク』とはその反対の立場の人を批判的にとらえた表現」としたうえで、両者とも「対話不能の人」と定義する。震災の被災地や反原発運動の現場などでの体験をもとに、プロの確信的な運動家だけでなく、良心的なボランテイア、あるいは温厚な知識人の中にも、言い出したら相手のいうことなどに全く耳を貸さない、自説だけが正しいと信じ切って、議論が成り立たない人たちが、いかに多いかを物語っている。

なぜ対話が成り立たないのだろう。自説を正義と信じているとしても、その説は、自説をもいったん疑うプロセスを経たうえで考え出された意見ではなく、感情を論理的な装いで正義とみなしているだけの場合が少なくない。自分の理性を疑う作業なしに理性を振り回す危険性を戒めた、有名な言葉がある。十九世紀から二十世紀にかけて活躍したイギリスの保守思想家、ギルバート・キース・チェスタトンの、次の言葉である。

「狂人とは理性を失った人ではない。狂人とは理性以外のあらゆるものを失った人である」(『正統とは何か』春秋社)

それだけ聞けば、理性ではなく感情こそが大切だといっているように聞こえるが、チェスタトンが理性の前提として大切と考える感情とは、伝統に根ざした感情、歴史の知恵ともいうべき社会的規範に裏付けられた感情であると、西部邁は読み解いている。

ロープの上を歩む人が均衡を保つために平衡棒を必要とするように、理性は伝統的な感情と一体化した社会的良識に支えられてはじめて、議論に値する意見となる。その平衡感覚を失った発言では対話が成立しないのは、ごく当然といえよう。

「対話不能の人」といっても、必ずしも一切、誰の意見にも耳を貸そうとしない、というわけではない。聞こうとしないのは自分と異なる意見に対してであって、自分と同じ、あるいは類似の意見に出合うと、たちまち「いいね」の大合唱になる。こうしていくつもの、同じような意見を好む人々の狭い言論空間の内部では、それぞれ、さらなる「いいね」を求めて過激な言葉が飛び交い、刺激し合うタコつぼ化が進行することになる。

「弾丸効果」

経済学者たちの、「長期戦になれば必敗」という正確な分析を理解しながら、陸軍を中心に軍部が、それでも無謀な日米開戦に踏み切ったのはなぜか。その「痛恨の逆説」を解明し、二〇一九年の読売吉野作造賞を受賞した牧野邦昭『経済学者たちの日米開戦』(新潮選書)が、開戦前の軍部内の空気を「リスキーシフト」という表現で説明している。長期戦なら必敗ということはわかっている、だがそれなら長期戦にならないようにすればよい、今なら短期決戦で勝てるチャンスがあるかもしれない、といったリスクを冒す方向に、どんどん意見が偏っていく。

「はっきりしない意見よりも極端ではっきりした意見の方が魅力的に思える」という「集団極化」の作用が、合理的であるはずの学者の報告書をもとにして、軍部を非合理的な決断に導いたというのが牧野氏の所見だが、こうした「集団極化」は、戦前の軍部だけの話にとどまるものではない。組織の意思決定のプロセスにしばしばみられる現象といってよかろう。むしろ近年の、SNSなどインターネットの世界で飛び交う言語は、面と向かっては口に出しにくい心理的抑制から解き放たれた感情の発散として、過激化の度を増幅させる結果となっている。

こうした言論空間の分断化と過激化という劣化現象は、世論とメディアの関係についてのこれまでの研究に再考を迫っているように思える。

メディアが世論に与える影響として、これまで議論されてきた論点に、「弾丸効果」か「限定効果」か、という問題がある。メディアが発信する情報が、弾丸のように受け手の胸を射抜き、思考や心理に直接的な影響を与える、という見方が「弾丸効果」説で、具体的実例として紹介されるのが一九三八年十月三十日、日曜日の夜にアメリカで起きた、有名な「火星人襲来パニック事件」である。

火星人が来襲したというH・G・ウェルズ原作の空想小説『宇宙戦争』を、俳優のオーソン・ウェルズが脚色してCBS系列のラジオ番組で放送したところ、本当のことかと思い込んだ人々から新聞社や放送局、警察などに問い合わせの電話が殺到し、また友人、知人と連絡を取り合うなどで、電話回線がパンクするなどのパニックが起きた。『ニューヨーク・タイムズ』はじめ全米の新聞が翌日から三週間にわたって一万二五〇〇件もの記事を掲載する騒ぎとなったといい、当時の有力メディアだったラジオがいかに社会をかく乱する重大な影響力を持っているかの証明として、今日まで語り伝えられている。

もっとも佐藤卓己『流言のメディア史』（岩波新書）によると、近年の研究では、この事件でショックで病院に担ぎ込まれた人がいた、逃げようとする車が交通事故を起こした、などの報道を裏付ける事実は、実際にはなかったという。このため佐藤氏は、このパニックは「ラジオと新聞の合作による二重の意味でのメディア流言だった」と結論づけているが、放送途中から放送局や新聞社などに問い合わせの電話が殺到したり、電話回線が一時パンクしたことは事実だったようで、「火星人襲来」のラジオ放送が一時的にせよ社会的混乱を生んだことは否定できない。「弾丸効果」と呼ぶほど致命的ではなかったとしても、かなり大きな影響を広範囲に及ぼしたことは間違いなく、メディアが世の中に与える影響の大きさを考えるうえで無視できない事件だったといえる。

時代とともに変遷するメディア論

メディア論の研究では、メディアの影響力としてこのほか、弾丸効果と同じような意味合いで「皮下注射」説がある一方、弾丸や皮下注射のような直接的、即効的な効果ではなく、繰り返し同じようなフレーズやストーリーを見聞きさせられていると視聴者側の意識形成に一定の判断傾向をもたらすという「培養理論」もある。「火星人襲来」事件が、ラジオ文化全盛期の一九三〇年代の議論だったのに対し、培養理論は、テレビがメディアの主力となった一九七〇年代の研究によるもので、メディアの限定的効果を重視する立場だ。

また、一九七〇年代後半から、世論形成との関係で有力な見方として注目されているのが「沈黙のらせん」の理論である。メディアや有力者が発信すると、異論のある人も声を上げにくくなって、らせん状に同調者がふえていく、という現象をさす。先に見たような「集団極化」の事例なども、こうした観点から理解が可能だろう。

このように、メディアの影響についての研究は、時代によって、また主流となるメディアの種類などによって、さまざまな解釈が行われているが、どの理論が正しいかではなく、いずれもメディアの影響を考えるうえで重要な視点を提供するものと考えるべきだろう。

その場合、メディアの影響に関する解釈がさまざまなのは、研究者によって理解の仕方に相違があるためだけでなく、メディアが与える影響それ自体が、方向性は同じでも受け手の反応に程度の差がある、というような場合もあれば、反応の方向性そのものが逆に現われることもある、という点にも留意する必要があるだろう。

例えば、世論調査が選挙の動向に与える影響としてよく指摘される「アナウンス効果」である。選挙直前の世論調査で、ある政党や候補者が「優勢」と評価されて報道されると、それまで態度を決めかねていた有権者がそれにつられてそちらに一票を投じることになり、事前の予想がさらに増幅されて勝敗に決定的な影響をおよぼす、というケースをさす。我も我もと勝ち馬に乗ろうとする「バンドワゴン効果」とも呼ばれる。

その一方で、「アンダードッグ効果」という逆の現象も観察されている。一方の政党や候補者が優勢と伝えられると、判官びいき的な心理から、逆に劣勢な側（負け犬）を応援する投票行動につながる、というようなケースだ。似たような現象として、あまり一方に大勝させないよう、バランスをとらせる意味で劣勢側を支援するという場合もありうる。

世論調査結果がどちらの方向に振れるかは、その時々の政治状況によって異なるから、事前の予測は困難だ。また、どちらの方向に作用するにせよ、調査した時点では正確だったはずの情報が、報道したことによって変化を生じさせ、選挙結果が事前の報道と異なることになったら、調査自体が誤りだった形にもなってしまう。せっかく多額の費用をかけて調査したあげく、報道が信頼を失うということになっては元も子もない。ということで私たち報道機関の側も、事前調査の報道にあたっては細心の注意を払わざるを得ない。調査は投票日直前を避け、ほぼ一週間前に行う、調査結果の記述にあたっては具体的な数字を示さず、グラフや図表を使っておおよその傾向を知らせる程度にとどめる、など各社とも似たような手法をとるのはこのためだ。

メディア小史

　メディアが発信する情報が受け手にどのような影響を与えるかは、このように多角的な観点からの研究を要する問題で、どの理論が正しいとか、あるいはどの方法で伝えることが受け手側に公平中立な判断材料を提供できるというか、といった答えを一律に求めることはできない。大事なことは、メディアは自分たちが伝える情報が受け手に大なり小なり何らかの影響を与えること、したがって報道に携わるものは常にその責任の重大さを自覚していなければならない、ということだ。

　そうした観点からメディアの役割を考える場合、ここでもう一度、メディアの影響に関する研究にはずみをつけるきっかけとなった「火星人襲来」事件の騒動が、一九三〇年代後半のアメリカだったことを思い起こしたい。というのも、メディアに関するさまざまな動きが出現したのが、ほぼこの時期に集中しているからだ。

　ギャラップ社が大統領選挙の世論調査でルーズベルトの当選を予想して話題を呼んだのが一九三六年。大統領選挙で新聞、雑誌、ラジオなどのメディアが有権者の投票行動にどのような影響を与えるかについて、オハイオ州エリー郡で行ったコロンビア大学の『ピープルズ・チョイス』の調査が発表されたのが一九四〇年だった。アメリカだけではない。ナチスのヒトラーが政権を獲得し、その党大会の模様を「国民ラジオ３０１」で実況中継してドイツ国民を熱狂させたのは、やはり同時代の一九三三年だった。

これらがいずれも偶然の一致ではないことは、「メディア」という言葉がオックスフォード英語辞典に初めて登場したのが一九二三年だったことにも示されていると思う。

メディアとはラテン語の「medium」が語源とされる。AとBの「中間」、あるいはそれをつなぐ「媒介」を意味し、転じて「媒体」という意味で使われるようになった言葉だ。近代以前の小規模な都市国家や農業社会ではお互いが顔見知りの関係にあり、情報は媒体がなくても互いの会話で了解され得た。しかし、社会の規模が拡大し、市民相互の関係性が希薄化すると、情報を伝達する媒体が必要とされるようになった。

グーテンベルクが活字の印刷機を発明したのは一四五〇年頃といわれる。ブドウを搾ってワインを作る圧縮機を改良したもので、新聞や出版物が「プレス」と呼ばれるようになったのもそのためだと伝えられる。最初に印刷されたのが四二行に組んだドイツ語の聖書だった。聖書はそれまでラテン語でのみ書かれ、それを読んで信者に教えるのは教会の司祭だけだったため、神の救済は司祭によってのみもたらされると信じられていた。それが、自国語で印刷された聖書が出回って、人々が自分で読めるようになると、免罪符による救済などといった教会の説教が通じなくなる。活字印刷はこうして、マルティン・ルターの宗教改革と近代社会の到来という世界史的な大変革をもたらし、新聞の普及と、新聞を読んで政治を論じ合う「公衆」の誕生につながった。

この段階での「公衆」は、コーヒーハウスで新聞を読み、意見を述べ合うことのできる教養ある一部市民層だったが、やがて十九世紀から二十世紀にかけて産業革命による工業化が進展し、一般労働者たちからなる「大衆」が登場する。メディアの方も、それまでの新聞に加えて電話という通信手段、ラジオという放送媒体の登場などの新しい変化が生まれてくる。受け手の側の「大衆社会」化と送り手側であるメディアの変容がほぼ同時に進行しつつあったのが、この一九〇〇年代初頭だった。

フィクションのラジオ・ドラマの放送を事実と思い込んで驚いた一般大衆の問い合わせで、電話回線がパンクし、それを伝えた新聞報道によってパニック状態が増幅された、というのが「火星人襲来」事件だった。前述したように佐藤氏はこれを「ラジオと新聞の合作によるメディア流言」と呼んだが、一方に大衆社会の登場、他方に新聞、ラジオ、電話などメディアの多様化、という二つの潮流が合体して生まれた、歴史的な「複合現象」だったと見た方が、実態に近いように思える。

メディアの世界は第二次世界大戦後、テレビの時代となる。一九六〇年のアメリカ大統領選挙におけるケネディvsニクソンのテレビ・ディベート（討論）は、ラジオからテレビへの主役交代を象徴する出来事だったといえる。

ラジオを聞いていた人々はニクソンの勝ちと判定したが、テレビの視聴者らはケネディを勝者と評価した。ラジオで音声だけを聞いていた人は、ニクソンの発言に説得力を感じたのだが、テレビに映ったニクソンは、若々しいケネディと対照的に、目には隈ができ、ヒゲがうっすらとのびて疲れ切った暗い表情に見えたという。遊説からそのまま、なんの準備もなくテレビ・スタジオに飛び込んだためだったといわれる。選挙戦はケネディの勝利に終わり、選挙の勝敗が「テレビ映り」によって大きく影響されることが分かって以後、現代に至るまで、メディアと世論の関係を論ずる場合、テレビの役割が常に主題となるのはこの一件からといわれる。

メディアの立ち位置に生じている変動

テレビ局側が選挙報道に際し、意図的に視聴者に影響を与えようとして問題となったケースが、日本で現実に起きたことがある。一九九三年の「椿事件」である。政治改革法案をめぐる内紛もあって、自民党はこの選挙で単独政権崩壊に追い込まれたのだが、この選挙の報道に関してテレビ朝日の椿貞良報道局長が同年九月の日本民間放送連盟（民放連）の会合で、「非自民政権が生まれるよう報道せよ、と指示した」と、自ら明らかにしたことが翌十月の『産経新聞』の報道で明らかになったのだ。

テレビ朝日の報道ぶりが実際にどの程度選挙結果に影響を与えたのかは明らかではないが、椿氏自身の説明によると、選挙戦突入前の、自民党政権時代の幹部らが会話している場面を資料映像で流す際、時代劇に出てくるような、悪徳代官と腹黒い商人のひそひそ話のように印象付けるなどの工夫をしたという。「政治報道の公平、公正」原則に反することは明らかで、国会に証人として喚問された椿氏は「不必要、不用意、不適正、荒唐無稽な発言だった」と陳謝し、テレビ朝日は椿氏を更迭する騒ぎとなった。

その後もテレビの情報番組の「偏向報道」がしばしば問題になるなど、メディアが受け手の判断に大きな影響を与えることをめぐって論議が絶えない。「政治と世論」を語る場合は必ず、メディアによる世論操作、あるいは権力側のメディアを使った世論操縦などの危険性が問題とされるのは当然といえるし、メディアの影響に関する研究は今後もさらに深められねばならないだろう。

ただ、その場合、これまでのメディア研究が、着眼点や力点の置き方はさまざまに異なるにせよ、一つの共通した前提に立っていたことに注意する必要があるだろう。共通の前提とは、メディアは情報やメッセージを発信する主体、受け手の大衆はそれを受容する客体、という関係性の理解であり、また想定される影響の方向性は、メディアから受け手へ、という一方通行の理解である。「椿事件」などは、批判する側も当事者のテレビ局側の認識も、その典型的な実例といえるだろうし、それはもちろん間違いではない。

しかし、それだけでよいのだろうか、というのが私の問題意識だ。私が本章のなかほどで、最近の言論空間の分断化と過激化という劣化現象について述べた際、世論とメディアの関係に関するこれまでの研究に「再考が必要」ではないかと指摘したのは、まさにこの点、すなわち発信者と受信者という一方向的な関係性に、重大な変化が起きているると思われるからである。

フェイクニュースの横行

インターネット時代を迎え、これまで受容的立場にいたはずの受け手の側が自ら発信者となり、大衆が相互に発信と受信役を演じたり、あるいはそうしたネット上のやり取りが予想もしていなかった事件を引き起こし、それがメディアの報道ぶりに影響を与えるという逆転現象が起きている。例えば二〇一六年十二月、ワシントンのピザ店に男が押し入ってライフルを発砲した事件がその一例だ。

トランプvsクリントンの大統領選挙戦のさなかに、このピザハウスを拠点に「クリントン陣営が児童の人身売買に関与している」というフェイク（偽）ニュースがネットに流れ、これを事実と信じ込んだ熱心なキリスト教徒の男が「子供たちを救おう」として起こした事件である。フェイクニュースを誰が流したのかは諸説あって判然としないが、従来のメディア論が想定していたような、政治の権力主体が大衆の世論を思いのままに操縦する、といった形の「メディアの影響」とは全く異なる事態だったことは間違いない。

フェイクニュースによる不幸な悲劇は、日本でも起きている。二〇一八年秋、台風二一号の影響で関西空港が閉鎖となり、多くの外国人が空港内で足止めになった。その時、SNSで「中国の領事館が手配したバスが関空内に入り、中国人客を救出した」という情報が流れたため、「台湾の領事館はなぜ台湾人のためのバスを手配しなかったのか」と、台湾当局の対応を非難する投稿が殺到した。実際には、バスは空港当局が手配したものだったが、台湾のメディアでも大きく報道されて批判は高まる一方となり、騒ぎのさなかに駐大阪経済文化弁事処長（総領事）が自殺するに至った。このケースも発信者は明らかでなく、また処長の自殺と事件の因果関係も明確ではないが、発信者不明のネット情報が事件の引き金となったことは疑いない。

フェイクニュースが意図的に作成・流布されたものか、それともうわさや誤解を裏付けも取らずに流したために生じた結果なのかは、いずれの場合も明らかではないが、小銭かせぎや何らかの政治的意図をもって、意識的にウソの記事を発信しているケースも現実にある。世界的に有名になったのが、マケドニアの場合だ。

バルカン半島の、旧ユーゴスラビアの一部だったマケドニアでは、ユーゴ解体後、これといった産業が育たず、国民の所得も低い。そこで一般人の誰かが始めた偽ニュース作りがカネになることが分かり、子供から大人、学校の教師までが競って偽ニュース作りに励むようになった。グーグルと契約を交わし、「第三次世界大戦が始まった」「北朝鮮と韓国の間で戦争が勃発した」などといった記事を思いつくまま勝手に作って流すと、クリック数に応じて検索サイトから広告収入が銀行口座に振り込まれる仕組みになっているという。「偽ニュースは住民にとって金塊のようにみえた」と語る人もいると、『読売新聞』は伝えている（二〇一七年七月二十四日朝刊）。

アメリカでも、カネ目当てに偽ニュースを作って売るビジネスが行われている。『毎日新聞』（二〇一七年八月十日朝刊）には、「ヒラリー・クリントン氏のメール問題を捜査していた連邦捜査局（FBI）捜査官が妻と無理心中した」という偽ニュースを流して一五〇万回の閲覧数を獲得し、「（偽ニュースは）売れるんだ」と得意になって語るロサンゼルス近郊の男の話が紹介されている。

フェイクニュースの被害を防ぐにはどうすればよいのか。ファクトチェック（事実の確認）が大切なのは間違いないし、新聞社やそれを専門に行う民間機関の活動もあるが、効果は極めて薄い。たとえ間違いを指摘したり真実はこうだと伝えても、人は自分がネット上で発見した記事や、自分の好む情報の方が真実だと思いたがる傾向が強いからだ、という研究も報告されている。

二〇二〇年の米大統領選でトランプ氏が敗北したのに「選挙が盗まれた」とフェイクニュースをまき散らし、ツイッターで支持者たちを議事堂に乱入させるかのごとき扇動を行ったケースも、似たような現象といえよう。外見的には支持者たちがトランプ氏に操られたように見えるが、実際は、彼らにとっては何が真実かはどうでもよくて、自分がそう信じたいと思ったからそうした、ということではないのか。信じたいことだけを信じる、同じ意見だけを信じるという行為を「エコーチェンバー（共鳴室）」現象というそうだが、ＳＮＳやツイッターなどデジタル情報の氾濫が、危険なポピュリズム的潮流の背景をなしているように思える。

総発信者化する社会の偽情報や罵詈雑言の氾濫にどう対処すべきか

明らかに、現代社会は、近代の「新聞を読む公衆」や二十世紀の「ラジオ、テレビに操作される大衆」とは違って、だれもがネットで発信し、互いに傷つけ合い、中には騙してカネを稼ぐ成功者も出るという、異常な「ネット群衆の時代」に入ったと考えた方がよい。人の意見を聞かず自説だけを拡散したがる「ネトウヨ」や「パヨク」たち、あるいはヘイトスピーチや差別用語でののしり合う現実に、一体どう対処したらよいのか。法的な規制をすべきなのか、法規制は技術的に可能なのか、仮に可能だとしても、かえってまともな言論機能の障害にならないかなど、多角的な観点からの研究が急がれているのではないか。

私自身にいま、名案があるわけではない。ただ、考える糸口はありそうだ。偽情報や罵詈雑言をネットに投稿している人たちの多くが、罪の意識を感じていないという恐ろしい事実に、まず注目したい。有名タレントの女性がガン告知を公表し、闘病生活の模様をブログに乗せたら、励ますどころか悪口雑言を書き込んだ主婦がいた。警察の取り調べに対してこの主婦は、「そんなにいけないことなのかしら。ほかにももっとひどい書き込みをしている人もいるのに」と、けげんな顔をしていたという。人の心を傷つけても、自分は悪くない、傷つく方が悪いのだ、といわんばかりの自己正当化が、彼らを支えているようだ。

二〇二〇年からのコロナ禍の蔓延は、そうした傾向を一気に広げたようにみえる。大学のラグビー部で感染者が出ると、同じ大学の無関係の学生がアルバイト先で就労を拒否された、あるいはコロナ感染者の治療で奮闘している看護師の子供が保育園で受け入れを断られた、といったケースが各地で相次いだ。

ひどい話だと思うが、そうした行為をする当事者たちは、なぜそれがいけないのだと、逆に怒るかもしれない。彼らは、決して悪意でそうしたのではない、自分の家族を、職場を、または施設の子供たちを感染から守りたい、という一心で行動したのだと言いたいに違いない。

正義と正義のぶつかり合いは、にわかにどちらかに軍配をあげるわけにはいかないだろう。しかし、そうやってすべての主張を、どちらも正しいと同レベルに相対化し、判断を停止してしまったら、社会の秩序は成り立たない。感染を防ぐための方法は、いろいろあるし、そのための手立てを講じることが必要だ。希望者にＰＣＲ検査を受けてもらって陰性を確認するのも一案だろう。それもせずに、いきなり感染と無関係の人を排除するなどの行為は、到底、正当化することはできない。

社会生活に必要なモラルの根拠についての、過度の相対化や懐疑主義的な議論を批判して、ヴォルテールは簡潔な言葉で断言する。

「あらゆる国民に公認せられている唯一の格言に曰く、『己れの欲せざるところを他人《ひと》に施すなかれ』。」（『哲学書簡』岩波文庫）。

全く同じ言葉が、『論語』にある。弟子の子貢が「生涯行うべきものを一文字で表すとしたら」と問うたのに対し、孔子は「恕《じょ》」（おもいやり、ゆるすの意）と答え、さらに語った。

「己所不欲、勿施於人」（己《おのれ》の欲せざる所は人に施《ほどこ》すこと勿《なか》れ）（衛霊公篇、講談社学術文庫、加地伸行訳）。

ヴォルテールが「あらゆる国民に公認せられている唯一の格言」と言った時、念頭にあったのがこの孔子の言葉だったのかどうか、私に確証はないが、二千数百年前の中国の聖人が語り、十八世紀フランスの哲学者が語った同じ真理が、デジタル時代の現代社会の私たちにとっても不変の真理であることだけは、確信を持って強調しておきたい。

自分がされたら嫌なことは他人にしてはならない、という当たり前の常識が近年、失われている。その異常さ、そこに問題の根があるという自覚に立つことなしに、言論空間の劣化を食い止めることは困難であろう。

デジタル技術の発展が社会生活の便益を向上させていることは疑う余地がない。しかし、社会生活は、快適さや便利さといった物質的な欲望の充足だけでなく、倫理感に支えられた秩序の維持なしには成り立たない。問題は、その便益の向上と倫理の向上がパラレルには進行しないことだ。むしろ便益の向上に反比例するかのように、倫理観が希薄化することが少なくないところに、問題のむずかしさがある。そこで、家庭なり学校などでの教育を通じて、社会生活を営む上で守るべきルールや、してはいけないことを、絶えず教え込む必要がある。

啓蒙主義哲学のルソーが理想の教育論として書いた『エミール』の考え方に、私は必ずしも賛成するものではないが、その中で彼が、「人間は教育されることを必要とする唯一の動物である」と述べていることには、全く同感である。すべての行動が本能によって構造化されている動物や他の生物と違って、人間は、精神を持ち、意志と行動の自由を持つ存在である。だから、その精神を働かせて正しい行動ができるようコントロールするためには、教育が必要となるということだ。

学問や知識を身につけることだけが教育の目的ではない。社会で生きるための振る舞い方を学ばせることも、教育の重要な使命である。そんな基本的な事柄が忘れられ、あるいは軽視されているのではないかと思わされるのが最近の、子供に対する虐待、あるいは子供同士のいじめの続発である。

私の後輩に、元小学校教師や学習塾の経営者らがいる。彼らと話していて、びっくりするような話が多い。たとえば、躁や鬱のメンタルな病気に悩む先生がふえているというのだ。授業中に騒ぐ子供や、友達にいじわるをする子供などをうっかり叱ったりすると、親がたちまち学校に怒鳴り込んでくる。あるいは学校を素通りして市や県の教育委員会に苦情を申し立てる。そうなると学校の管理者や教育委員会側は、教師を別の職場に異動させることで問題を処理しようとする。そうなったら困る、ということで今度は教師の側が子供に注意することを尻込みしがちになる。そんな重苦しい空気が学校現場の日常だというのだ。

親には親側の言い分があろう。昔と違って今は、親と子だけの核家族が一般的で、両親とも働いている場合は子供の世話もままならない。家庭で教えるべきしつけなども学校に期待せざるを得ない、という事情があるのかもしれない。また、いま述べたようなケースは私の知人らが経験した範囲内の、一部の学校での話で、必ずしも全体像とはいえないのかもしれない。

しかし、しつけと称して親が最愛のはずの子供を苛め抜いて殺してしまう、などといった悲惨な事件が次々と起きているのも現実である。自分の思いどおりにならないのはひとのせい、子供であれ教師であれ、自分以外のものに責任がある、自分は悪くない、とでも思い込んでいるかのような異常さを、そこに感じざるを得ない。相手の痛みなどお構いなしに口汚くののしる、遊び半分で友達を笑いものにして楽しむ、自分の好む情報ならウソでも信じて「いいね」のボタンを押す。大人から子供まで、ネットの世界で刺激と反応に明け暮れる。こんな時代がかつて、私たちの社会にあっただろうか。

こうしてみると、本章の冒頭からみてきたような言論空間の劣化現象は、社会生活全体の劣化、あるいは人間精神の荒廃の、原因ではなく結果、あるいはそれらの相互作用とみるべきなのかもしれない。言論空間の劣化が社会の荒廃をもたらしているというよりも、社会の荒廃がメディアなど言論主体の劣化を招き、それがまた社会にはねかえって劣化を増幅させている、ということではないのか。

そこまで話を広げると、問題が拡散しすぎて対策を講じるすべがなくなってしまう、という批判が出るかもしれない。しかし私は、むしろそうした根源にまで遡って問題を見つめ直すこと、言い換えれば現在の社会の異常さを自覚し、正気を取り戻すこと、そこから始める方が打つべき手を見出しやすくなるのではないかと思う。

「常識」の尊さ

正気に戻るとはどういうことか。当たり前すぎて今さら繰り返し言うのもはばかられるほどだが、単純明快で変わらぬ真実がある。自分がされたら嫌なことは人にしてはいけない、という当たり前の常識に立ち返ることだ。その常識を、子供に教えなければならない。いや、大人を含めて私たちみんながもう一度、確認し直すべき時に来ているのではないか。

なにをいまさら、というかもしれない。あるいは、物事を議論するにあたって、常識という言葉で一括りに正常・異常の判断を決めつけるのはよくない、という人がいるかもしれない。しかし、常識というものを、そんなに軽視したり、逆に複雑化して考える必要はない。デカルトは、有名な「われ思う、ゆえにわれあり」という命題で知られる『方法序説』を、次のような言葉で書き始めている。

「良識はこの世でもっとも公平に分け与えられているものである。……正しく判断し、真と偽を区別する能力、これこそ、ほんらい良識とか理性と呼ばれるものだが、そういう能力がすべての人に生まれつき平等に具わっている。……理性すなわち良識が、わたしたちを人間たら

しめ、動物から区別する唯一のものである」（岩波文庫）

小林秀雄は『考えるヒント』（文春文庫）の中の「常識について」で、このデカルトのいう「良識」の原語、フランス語の「bon sens」は「常識という精神の働き、自然に備わった知恵、心の健康状態」と同じことだとし、『論語』の「中庸」について伊藤仁斎が解釈した「過不及ナク、平常行フベキノ道」と同じ意味での「常識の事」だと指摘して、常識の大切さを強調している。

良識あるいは常識は、人間誰もが等しく、自然に持っているもので、これをことさら疑ったり真偽について珍奇な議論を戦わせるのは、「疑うためにだけ疑い、つねに非決定でいようとする懐疑論者」だと、デカルトは批判する。ただし彼は、「良い精神を持っているだけでは十分ではない。……大切なのはそれを良く用いることだ」ともいう。「大きな魂ほど、最大の美徳とともに、最大の悪徳をも産み出す力がある」からだ。「道徳が退廃してくると、……多くの人は自分が何を信じているか自分でも分からなくなる」。そこで彼は自分を導いていくための格率の一つとして、「自分を教育しつづける」ことを自分に課した。

デカルトの哲学についてはさまざまな評価がある。私自身、なじめない点もあるし、理解しきれないところも多い。とはいえ、いま述べたような「良識」、あるいは「常識」の尊さ、およびそれを自ら学び続けることの大切さについての彼の見解には、思わずヒザを打つ思いを禁じ得ない。

そうはいってもしかし、良識、常識から出発して「われ思う、ゆえにわれあり」の哲学原理を発見、そこからさらに数学、天体、解剖学、医学など多彩な学問的業績を残したデカルトのような天才と違って、我々凡人は、一体どうしたら良識を呼び戻して社会生活の正常化を図ることができるのだろうか。

その点でもデカルトはヒントを与えてくれる。学校で教科を学ぶことはもちろん大事だが、同時に大切なのは読書だという。「すべて良書を読むことは、著者である過去の世紀の一流の人びとと親しく語り合うようなもの」だと、彼は言う。彼はさまざまな分野のあらゆる書物を読み、その内容を疑い、問題を問い詰め、そして「世界という大きな書物」を自分で読み解いて、真実だと確信できる独自の結論を下した。そこまで行くことは我々凡人にはとうてい不可能だとしても、書物を読み、そこに登場する人物たちと語り合い、自分なりの考えを培うことは可能だろう。そこから「人間に自然に備わった良識」を思い起こすことができるのではないか。

快適さ、便利さ、スピード感などが、何かにつけて求められている。デジタル・テクノロジーはそうした現代のニーズにぴったりのツールなのだろう。それはそれで価値のあることだから、否定的に考える必要はない。ただし価値の追求は、行き過ぎると弊害を生じることもまた、自然のことわりである。いくら美食を好むといっても、すぎればかえって健康を害することは、日常生活でしばしば経験するところだろう。

欲望の充足は必要なことだが、他方で欲望を抑制することもまた、欠かせない人間の条件である。その充足と抑制の統一を図り、心と体の健康を保つための知恵が良識あるいは常識であり、それをわきまえるには良書を読むのが一番だということになる。罵詈雑言。差別用語の氾濫。誹謗中傷合戦。ネット上で繰り広げられる悪質な言葉の応酬には何らかの制限を加える必要があるとして、何をどこまで、どのように規制するかの知恵もまた、そこからおのずと湧いてくるのではないか。

第7章

政治の取材はどうあるべきか

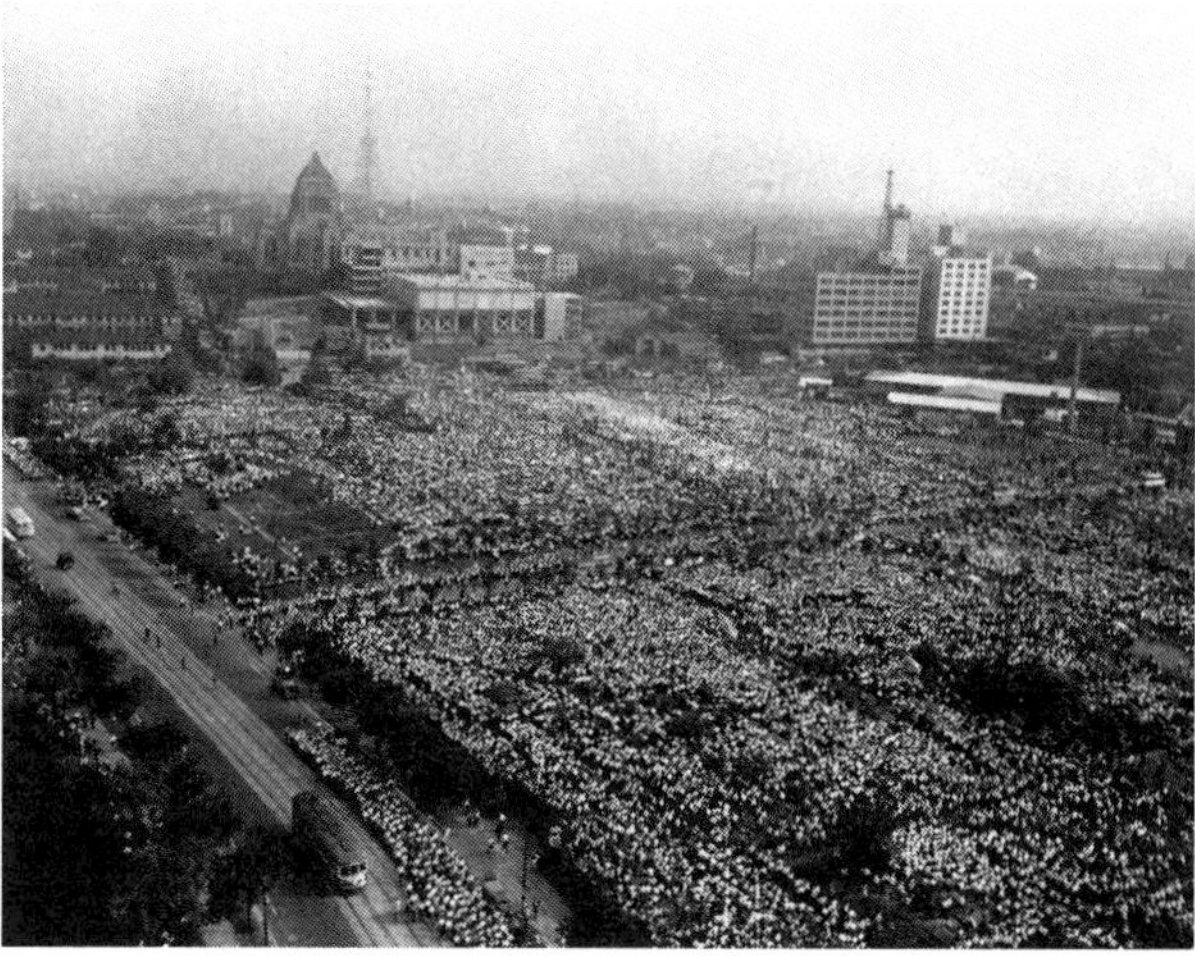

安保反対デモ。日米安保自然承認を控え28万人を動員した国会包囲デモ（1960年6月18日）　（提供：読売新聞社）

入社試験の思い出

読書について語る時、いつも私の頭に浮かぶのは、冷や汗と笑いの入り混じった、忘れがたい経験である。もう五十数年も昔の、新聞社の入社試験の面接の時のことだった。

ある新聞社の最終面接で、愛読書は何かと聞かれ、当時話題になっていたサルトルやカミュの実存主義哲学の本を口にした。学生仲間と話しているような軽い気分でしゃべっていたところ、話の流れがいつの間にかおかしくなって面接官と議論になり、互いに気まずい雰囲気になってしまった。それでも合格通知は来たのだが、不快な思いのまま入社する気分になれず、「入社をご遠慮します」とタンカを切ってしまった。

こういうのを若気の至りというのだろう。当時の就職試験は、一般企業は七月、新聞社はなぜか十月で、しかもいったん内定を受けて同意した場合は、そのあと他の企業を受験することはできない仕組みになっていた。新聞記者を志望する者はだから、七月の一般企業の入社試験は受けず、十月の新聞社の試験で一発勝負するしかない。もしそこで失敗したら、一年間浪人して、翌年再チャレンジするしかない。私の周囲には、オレは新聞記者になると宣言しながら、七月の就職試験に合格したため一般企業に入社した友人が何人もいた。逆に、のちに私が無事新聞社に入社して周りをみたら、同期生に浪人生活二年、三年という貫禄十分のつわものたちがいて、中にはすでに結婚している者もいた。

威勢よく入社内定を辞退したはいいが、次の瞬間はっと気づいたのは、もう一つ別に受験していた読売新聞社の方は、まだ一次試験の結果も出ていないことだった。しかも、そちらは英語の筆記試験がうまくいかず、合否に自信のもてない状態だった。これはまずい。もし一次試験で落とされていたら万事休すだ。目の前が真っ暗になった。

数日後、幸いなことに一次試験の通過通知が届き、ひと安心。やがて最終面接となった。今度は失敗できない。そこでエントリーシートに書く愛読書には、当たり障りない文学書を並べて、なるべく議論にならないよう試みた。

当日。ドアを開けると、七、八人の役員らしい面接官が並んでいる。

「かけ給え」

促されて椅子に座り、志望動機など型通りの質疑もほぼ無難にこなし、このまま終わるかと思ったところで、一人が尋ねた。

「君は政治部志望だそうだな」

「はい、その通りです」

「それにしては君、志願書に書いてある愛読書は文学書ばかりだね。政治関係の本は読まないのか」

うわっ、なんということか。上手に切り抜けようとして文学書ばかり並べたのが、逆に志望動機との不整合を突かれるとは。どっと汗が噴き出る。しかし、ここでしくじったら一巻の終わりだ。瞬間、それまで考えてもいなかった言葉が浮かんだ。

「いやそれは、政治というのは人間の行為、それも情熱や欲望や権謀術数など、いかにも生々しい人間的要素の凝縮された行為だと思っていまして、それを取材するには文学書に表現されているさまざまな人間像を学ぶことが大事かと考えております」

苦し紛れの説明だったが、質問者は「ふむ、なるほどね」とうなずいて、再度の追及はなかった。それで一難去ったと思ったら、次に別の一人が口を開いた。

「君、得意科目はなんだね」

これは参った。志願書には「英語」と書いたはずだ。その英語が、試験では我ながら情けないほどできなかった。面接官は私の筆記試験の成績を知りながら、わざとその点を突いてきたのだ。さあどうする。といって、すでに提出してある志願書の内容と違うことは言えない。

「英語です」

「ふうん、それで試験はできたかい」

やっぱりきたか。できませんでした、と正直にいうべきだろう。しかし、どの部分ができなかったかと重ねて問われても、どこがどうできなかったも説明できないくらい、ちんぷんかんぷんだったのが実態だ。

「できました」

「ええっ、できたあー?」

居並ぶ全員がはじけたように声をあげて「わっはっは」と、爆笑の渦。最後の最後がこのありさまだ。

「そうか。まあよい。帰っていいよ」

私は頭を掻くしかなく、悄然と肩を落として部屋を出た。やっぱりしくじったか。ところが翌日、合格通知の到来だ。よくぞ合格できたものだと、私の方がびっくりするおおらかな社風に感じ入った。

入社して数年後、念願の政治部に配属となり、ある日、後輩とこんな思い出話をしていたら、その後輩が「実は私も」と体験談を語ってくれた。彼は大学で相撲部にいたといい、面接でもその点が話題になったそうで、そのあとの質問が「ところで君は何が得意かね」だった。彼はすかさず胸を張って答えた。

「打っちゃりです」

「なにい、打っちゃりいー?」

質問者は、英語とか数学とか、得意な学科を尋ねたのに、返ってきた答えは「打っちゃり」とは。やはり満場爆笑で終わった。そして結果は「合格」。いい時代だったなと、後輩と笑いあったことを今も懐かしく思い出す。

余談が長すぎたようだ。本題に戻ろう。前章では、人を罵ったり嘲笑する言葉が氾濫するネット時代にあって、正気を取り戻すには、迂遠なようだが読書から始めることが大事だろうということを述べた。ではどんな本を読んだらよいのだろうか。

古典の読書

デカルトは、『哲学原理』（岩波文庫）という本の中でも読書の大切さを語り、そこでは「我々によき教えを与え得る人物によって書かれた書物」がお勧めだと述べている。一般に「古典」と呼ばれる書物を指すのだろう。デカルト自身、プラトンやアリストテレスなどのギリシャ哲学を徹底的に読み込み、それらを一から疑い、自分で考え抜いた末に、「われ思う……」の独自の哲学原理を確立した。デカルトだけではない。ほとんどの近代西洋哲学は、それを肯定するにせよ否定するにせよ、ギリシャの古典哲学を学ぶところから出発している。

古典思想といえば、ギリシャばかりでない。西洋ではキリスト教、東洋では中国の孔子や老子などの儒教や道教、あるいはまたインドでは仏教、またイランではゾロアスター教なども挙げなければなるまい。不思議なことに、これらの古典思想は、人類史の中では紀元前五〇〇年頃を中心として前後八〇〇年から二〇〇年の間に、世界の別々の地域で、ほぼ同時的に、この世に登場している。その驚くべき事実を発見した哲学者のカール・ヤスパースは『歴史の起源と目標』（理想社）という本で、この時代を「枢軸時代」と名付け、「世界の恐ろしさと人間の無力さ」を自覚した「真の意味での人間の発生」の時代と位置付けている。

なぜそんな不思議な現象が起きたのか、そのことだけでも興味を引くテーマだが、私にはとてもそこに立ち入るだけの力はない。それどころか、古典書を読むにしても、私の場合はかじる程度で、しっかり理解することすらおぼつかない。古典を読みこなせればそれに越したことはないが、私を含めた一般の人は、無理強いされたら逆に、読書が嫌いになってしまうだろう。

乱読のすすめ

私は、読むならどんな本でもよいと思う。もちろん、いかがわしい本は別だが、小説であれエッセイであれ、あるいは詩歌であれ構わない。純文学である必要もない。大衆的な恋愛小説でもいいだろうし、時代小説でもよいだろう。そこには必ず、さまざまな人物たちの愛や苦悩、喜びやむなしさ、勇気、嘆きなどが描かれていて、自分を見つめ直すきっかけになるに違いない。失恋など人間だれもが経験していることだと知れば、恋人にフラれて逆上し、相手を傷つけるといったストーカー事件も、少しは減るのではないか。

私自身も雑読、乱読で、その時の気分次第で手当たり次第。仕事に関連した専門書も読むが、剣豪小説も楽しいし、中国の古典は、易しい解説書や、『菜根譚』のようなくだけたエピソードをまとめた本などを読みふけったこともある。それらが新聞記者としてさまざまな事件や話題、そして政治問題を取材するにあたって、ずいぶん役に立ったと思う。

器の大きな人物がいれば、反対に、大人物に見えながら実際は小心な男もいた。得意の絶頂に立っていた人が、ちょっとした気のゆるみからあっという間に失脚していくケースもしばしばあった。もう政治生命が終わりかと思われながら、忍耐に忍耐を重ねて花を咲かせた人もいた。入社試験の面接で、とっさに頭に浮かんだ「政治の理解は人間を理解することから」という考え方は、決して間違ってはいなかったようだ。

政治の意味

ひと言でいえば、政治とは人間社会の縮図だと思う。国民の、あるいはもっと大きくいえば世界全体の人びとの、平和と安寧、繁栄を図るという崇高な使命を担っている一面で、それを実現するための手段としての権力をめぐる闘いは、欲望、嫉妬、裏切り、虚言、謀略など、目をそむけたくなるような醜い行為の連続である。いかにも特別な世界の特別な出来事のように思われがちだが、その原型は私たちの身の回りの、職場や地域のささやかな日常生活の中で目にしている現象でもある。古来、多くの賢人たちが政治の実相について語ってきたが、ここではフランスの詩人で思想家のポール・ヴァレリーの言葉を聞いてみよう。

「実践的な政治について、私はほとんど何も知らない」と言う一方で、彼は、詩人らしい鋭い感性で次のように語る。

「思うに、そこには、私が忌避するものばかりがあるような気がする。それはこの上なく不純な世界に違いない。すなわち、私が一緒にしたくないと思っているものがこの上なく混同されている世界、例えば獣性と形而上学、力と権利、信仰と利害、現実的なものと演劇的なもの、本能と観念などが混同されている世界である……。しかしそれは、つまるところ、人間性そのものを批判することにつながるだろう……」(岩波文庫『精神の危機』所収「独裁という観念」)

政治の世界が「獣性と形而上学」の混在から成り立っているという事実は、二つのことを同時に意味していると、私は思う。一つは、政治が醜いという負の側面ばかりを理由に、政治を忌避したり冷笑するだけでは何の解決にもならないということだ。そしてもう一つは、だからといって同時に、政治の悪を野放図に容認することもあってはならないということである。政治には醜い行為がつきものだが、政治なしに社会生活は存在しえない。そうかといって、醜い行為を無批判に肯定したり傍観することもまた間違いである。矛盾したことをいっているようだが、政治という世界のそんな矛盾した性格について、ドイツの歴史家、フリードリヒ・マイネッケは、「近代史における国家理性の理念」（中央公論社『世界の名著』）で、こう説明している。

「権力衝動がなければ、政治家はその責務をつくせないだろう」。しかし、権力は、ひとたび確立されると、独立した超個人的な力となる。「支配者は、変じて自分自身の権力のしもべとなる。権力の目的は個人的恣意を制限し始める」。権力を握ったからといって、支配者は、国家を健全に維持しなければならない、という政治の目的を逸脱して無制限に権力を行使できるわけではない。

「盲目的に爆発する権力は自分自身を破壊するので、それは、自己を維持し、増大するためには、何らかの合目的な規則や規準に従わねばならない。それゆえ知と力とは、権力の使用において結合していなければならないのである」

社会生活に秩序が必要であるのと同様に、権力闘争の場でも一定のルールが守られなければならない。たとえば、政治にカネがかかることは否定できないとしても、政治でカネを儲ける、カネで政治を動かすといったルール違反を放置していたら、国民の支持によって成り立つべき民主主義社会は、その基盤が崩れてしまう。法律の規制をはじめ、政治行動のルールを定めるさまざまな「制度」が設けられているのはそのためである。

もっとも、制度は、時間の経過とともに劣化したり、状況に合わなくなったりする。すでに見てきたように、中選挙区制度のもとでの金権政治の弊害があまりにひどくなり、政治資金の規正強化や「党改革」といったレベルの改革では手に負えなくなって、選挙制度を含む「政治改革」が叫ばれ、小選挙区比例代表制や政党助成金制度の導入になった。ところが今度はそれが政治家の劣化を増幅させ、野党陣営の分裂もあって政治全体の緩みを生むなど、新たな問題の種となっている。政治改革の第二幕へ向けた、新たな「知と力」が求められているのが現状である。

善と悪が入り混じった「不純な世界」。政治がそういう世界であることは間違いのない事実であるとしても、私は別に、そこに魅せられたから政治記者になった、というわけではない。私が政治を取材・報道する新聞記者になろうと考えたのは、もっと違った動機からである。大学に入って間もなく直面した経験によるところが大きい。

六〇年安保

一九六〇年春、国会では日米安保条約の改定案の批准をめぐって与野党の対決が先鋭化していた。国会周辺では、「安保反対」のプラカードを掲げた、全学連を中心とする学生たちのデモが連日のように繰り広げられていた。

私自身は、それまでは毎日が受験勉強で、安保条約改定の意味や問題点については不勉強だったためよくわからず、「戦争に巻き込まれる」「逆コース反対」といったシュプレヒコールもよそ事のように聞いていた。ところが五月二十日未明、政府・自民党が衆議院で質疑打ち切り、警官隊導入のうえ、自民党単独で条約批准承認案を強行可決したことから、局面が大きく変わった。新安保条約の内容の良しあしは別として、こんな「暴挙」を許したら議会制民主主義は崩壊する、という危機感が新聞論調をはじめ社会全体に一気に高まり、「岸を倒せ」の大合唱となった。

これに対して岸信介首相は「私は声なき声に耳を傾ける」と、あくまで条約の批准をめざす。私は、もうじっとしていられない、という思いからデモに参加することにした。デモは次第に激しさを増し、国会や首相官邸の周辺ではデモ隊と警官隊の衝突が繰り返されて、六月十五日には東大の女子学生・樺美智子さんが死亡する事態となった。当時は、のちの学生運動家たちのようなヘルメット、鉄棒といった装備はなく、学生たちはハチマキ、警官隊の方は警棒で、体ごとぶつかり合うという状態。スクラムを組んだ隣の学生が警官の警棒で頭を殴られた時の、「カーン」という乾いた音が、五〇年以上たった今も、私の耳に残っている。

新条約は六月十九日、自然承認で成立し、岸首相は翌月総辞職。代わって登場した池田勇人内閣は「寛容と忍耐」「低姿勢」のスローガンと経済成長路線で局面転換を図り、これが成功して、革命前夜のような緊張感は一気に解消してしまった。

騒動はすっかり収まってしまったが、私の疑問は残ったままだった。新安保条約が成立したことは日本にとって良いことなのか、それとも悪い結果をもたらすのか。

私が腑に落ちなかったのは、安保反対運動が盛りあがる二、三年前まではたしか、旧安保条約は不平等条約だから改定すべきだ、といった議論が盛んだったことだ。それが、新条約案が出来たら一転して、急に安保改定阻止、新条約反対の運動が盛り上がり、日本中がひっくり返るような状態となった。一体、何が正しいのか、よくわからないままに、事態だけが転変した。

デモ隊を「モッブ」(群衆、暴徒)と呼んで、反対運動を警察力で抑え込もうとする岸政権の強権姿勢は憎々しいばかりだったが、総辞職と引き換えにしてまで新条約を成立させようとするからには、それなりの言い分が岸さんにはあったのだろう。そのへんも聞いてみたかったが、私たちのもとには伝えられないままに終わってしまっていた。

正確な情報を伝えることの重要性

条約は第一〇条で、一〇年後には日米どちらかの「終了通告」で廃止できることになっている。一〇年後にはまた安保条約を延長するのか廃止するか、あるいは再改定するのかの議論が起きるだろう。その時には、今度は街頭のデモ隊の一員としてではなく、首相のいる官邸の中で、本人にじかに疑問に思う点を聞いて、その内容をみんなに伝えたい。デモの熱気がさめたあと、私が考えたのはそのことだった。

本当はこうなのだ、ということを多くの人に伝えるといっても、何が真実かを言うのは、実は簡単なことではないだろう。同じ一つの事実でも、見る人によって、あるいは見る角度によって、事実の様相は異なってくる。まして政策の問題になると、賛成の人もいれば反対の人もいる。しかし、そうかといって、ためらうばかりでなんの判断も下さないというのでは、物事は何も決まらない。一定の時間の中で、さまざまな情報を知り、その上に立ってある段階で、進むべき道を決断する。政治の世界ばかりでなく、私たちの日常生活でも同じことである。

大事なのは、できるだけ多くの情報が、正確に知らされていることである。二十世紀最高のジャーナリストと呼ばれたアメリカのウォルター・リップマンが、名高い名著『世論』（岩波文庫、上下）で繰り返し述べているように、人々の判断には思い込みや偏見、あるいは政治信条などの作用で歪みが生じることは避けられない。しかしそうであっても、少なくとも情報は正確に伝えられなければならない。重要な事実が隠されたり、狂人が英雄と取り違えて称賛されたり、裏付けもない虚言が貴重な証言のように持ち上げられたり、といった事例は歴史上にいくつも見られるが、そのようなことは、あってはならない。できるだけ多くの情報を、自分の目で見て、確かめて、人々に伝える。「歴史の目撃者」という言葉が、不意に私の頭に浮かんだ。そうだ、よし、オレは新聞記者になろう。

報道記者として歩き始める

偶然だろうし運がよかったのだろうが、入社して六年後、安保改定からなんとぴったり一〇年後の一九七〇年春、念願の政治部に配属され、首相官邸詰めとなって、本当に七〇年安保論議を首相官邸で取材することになった。想定と違ったのは、安保条約は再改定でも廃止でもなく、どちらも終了通告をしないままの「自動延長」で、六〇年安保の時のような大規模な騒動にはならなかったことだ。首相は岸さんの実弟の佐藤栄作さんで、ちょうど沖縄返還交渉が進展し、国会では安保条約ではなく沖縄返還協定をめぐる議論が盛んに展開されていた。私は、国会論戦の取材と同時に、首相番の記者として、佐藤さんに直接話を聞くことができ、取材の楽しみと苦しみをともにたっぷりと味わう政治記者の第一歩を踏み出したのだった。

楽しみと苦しみと、いま私は言った。楽しみとは、聞きたいことを当事者に直接聞くことができるという喜びである。だれでも、知りたいこと、聞きたいことがあるだろうが、相手が首相や閣僚など、特定の立場の人物となれば、だれもが勝手に質問するというわけにはいかない。安全上の問題があるから、身近に近づくことも許されない。しかし、新聞社（この場合はテレビ局を含む新聞協会加盟各社）が身元を保証して登録された記者であれば、それが特別に認められる。みんなが知りたいと思うこと、知らせる必要があると思われることを、国民に代わって質問し、それを伝えるのが報道記者の使命だからだ。質問するのは報道記者に特有の権利であり、義務でもあるのだ。

記者クラブ制度

新聞やテレビの記者のそうした独特の立場に関して、しばしば誤解や批判がある。記者会見が閉鎖的だという批判などはその一例だろう。週刊誌やインターネットの運営スタッフにも自由に参加させるべきだという主張だ。政権によっては、当局側が、自己宣伝につごうがよいと思われる場合に、それら新聞社以外のメディアにも参加を認めるケースがあるし、当局側が主催して開かれる会見ならそれも認められてよかろう。

ただし、一般的に記者会見は記者クラブが主催して開かれるものだ。これについてもかつてEU（欧州連合）から、外国報道機関を参加させないのは不当な参入規制だとして、記者クラブ制度廃止などの提案が行われたことがある。日本新聞協会はこれに対して二〇〇三年十二月、EU提案は日本の記者クラブ制度についての誤解と偏見に基づくものだとして提案を拒否し、二〇〇二年にまとめた記者クラブ制度についての統一見解を伝達した。

現在では会見の場も多様化し、外国人記者も参加して活発な質疑が行われるようになっているが、記者クラブの基本的性格とその重要性は、二〇〇二年の新聞協会の見解に尽くされているといってよかろう。

記者クラブは、別に日本特有の存在というものではない。私がワシントン支局で特派員としてアメリカの取材をしていた当時も、ホワイトハウスや国務省の記者クラブで毎日、報道官などの定例記者会見を取材していた。記者クラブに入会するには、当然ながら所属する新聞社の正式な証明書を当局に提出することが必要で、ホワイトハウスの場合はさらに、一〇本の指の指紋もとられる厳重さだった。そうした手続きは、基本的には今も変わっていないはずだ。

日本の場合、記者クラブができたのは一八九〇年（明治二十三年）、帝国議会開設の時にさかのぼる。傍聴取材を要求する記者たちが集まって「議会出入り記者団」(のちに同盟記者倶楽部)を結成し、これをきっかけに、情報を隠蔽しがちな官庁に対して情報公開を求める運動を展開した。記者会見が記者団側の要求に基づき、記者クラブ主催で開かれる習慣ができたのも、こうしたいきさつからだ。

その後、第二次世界大戦の戦時統制下では陸軍、海軍、大本営など軍部の発表だけを報道せざるをえなくなり、また戦後は、記者クラブは単なる「親睦団体」「相互啓発の場」などと、その性格付けも変遷したが、二〇〇二年見解では「取材・報道のための自主的な組織」と統一された。記者クラブは、政府や自治体などの公的情報の「迅速、的確な報道」だけでなく、「人命や人権にかかわる取材・報道上の整理」「市民からの情報提供の共同の窓口」としての役割を果たす存在となっている。誘拐事件など、被害者の生命に危険を及ぼしかねない場合には捜査当局と一定の協定を結ぶこともある。

記者クラブはこのように、報道機関が公共的役割を果たすうえで必要な組織であって、そのこと自体はなんら非難されるべきものではない。問題があるとすれば、記者クラブがそうした役割をきちんと果たしているかどうかにある。

その点で残念なのは、テレビで首相や官房長官などの会見の模様を見ていると、深く切り込むような質問が少なく、多くの記者たちは、質問することよりパソコンに向かって当局者の発言を打ち込むことに没頭していることだ。デジタル時代で、発言内容を一刻も早く報道しなければならないから、というのかもしれないが、通り一遍の発言をいくら早く伝えても、読者に対する責務を尽くしたことにはならない。そうかと思えば逆に、わざと相手が怒ったり不愛想な対応をする姿をテレビに映させることを狙ってでもいるのか、口喧嘩のような問答をして得意顔をする記者もいる。

どちらも、真実の追究のための取材という本来の目的からはほど遠い姿だ。会見は、当局者は何をどう考えてそのような行動をしているのか、指摘されている問題点についてはどうしようとしているのか、といった政策の意図や判断、責任意識などを正確に引き出して国民に伝え、政策評価などの判断材料にしてもらうことが主たる目的だ。そのためには記者自身がさまざまなトピックスについてふだんから勉強し、事実関係を調べ、政策が与える影響など問題点を洗い出しておく準備が必要だ。会見が、当局者の一方的な主張の垂れ流しになったり、記者側の「権力批判」らしさのパフォーマンスの場になってはならない。

政治取材の手管

記者会見の空疎なイメージがそうさせるのだろうか、大手メディアに対する批判の中には、政治家と記者側が癒着しているのではないか、という見方をするものもある。会見では切り込まず、夜は政治家と食事をして馴れ合っているではないかという声は、有識者や評論家と呼ばれる人たちからもしばしば聞こえてくる。私は現役の記者たちの言動をすべて掌握しているわけではないから確定的なことを言う立場にはないが、私の知る限りでいえば、これらの指摘はほとんどが、取材の実態を知らないことからくる誤解と思われる。

公式の記者会見だけが取材の場ではない。会見はむしろ、ほんの一部にすぎない。政治取材の大半は、政治家や行政当局者に対する個別の取材に費やされるのがふつうだ。特ダネの取材となればとくに、他社に気づかれないように、ひっそりと行われる。そうした取材ができるようになるためには、もちろん、取材相手と親しくなることが必要だ。見ず知らずの人間が報道記者の名刺をもって突然現れたとして、だれが秘密にしていることをぺらぺらと話すだろうか。

個別取材のために相手と親しくなるよう努力する。当たり前のことである。そのために、時には一緒に酒を飲むし、食事もする。これも当然である。もちろん二〇二〇年に問題になったような、検察幹部との賭けマージャンなど論外だし、ご馳走になりっぱなしもあってはならない。相手に借りを作ったら、相手が困るような事案の取材はできなくなってしまうからだ。ガード下の屋台でもよい。こちらのできる範囲で、自分のカネで、相手をもてなし、最低でも五分の付き合いにしておかなければならない。私もなけなしの小遣い銭を貯め、その範囲で飲める安い店を苦労して開拓したことを思いだす。

こういう取材手法は、たしかに、人間関係を重視する日本ならではの、独特のものかもしれない。というのは、私がワシントン支局での三年余の勤務を終えて日本に帰国するにあたり、国務省の友人にあいさつに行ったとき、驚くような話を聞いたからである。

「本当は外部に公表してはいけないことなのだが、君の今後の取材活動の参考になるだろうから教えてあげよう」

「なんでしょうか」

「我々は、君たち日本人記者がワシントン発で書く記事は毎日、東京の在日大使館を通じてチェックしているのだ」

それはそうだろう。しかし、驚いたのはその先だ。国務省では各記者の記事の正確度を調べ、それぞれABCDのランク付けをしたリストを作ってプールしてある。記者側から国務省の当局者に取材の申し入れがあると、当局者はすぐにそのリストを取り寄せ、仮にAランクの記者なら初対面でも面会するし、逆にDランクの記者だとどんなに親しい記者でも仕事に関連する要件なら面会しない、あるいは面会しても内容のある話は一切しない、というルールになっているというのだ。

「君はランクAだったから教えたのだよ」と、彼は笑って片目をつぶったが、なるほどそうだったのかと思い当たることがいくつか浮かんだ。記事の正確度をそのように検定されているのだと知って、緊張を覚えたものだった。

日本の場合は、多少筆が走って不正確な記事になっても、親しい間柄ならまあ仕方ないか、ですまされることもあろうが、アメリカの場合は、そうはいかない。不正確な記事、オフレコなどの約束を守らないルール違反には、容赦ない。

ついでにいうと、オフレコだからといって記事にしないのは癒着だ、という批判も日本ではよくメディアに対して浴びせられるが、これも認識不足によるところが大きいと思う。オフレコなどの取材手法は、日本だけではなく、アメリカを含む多くの国々で一般的に、広く活用されている。私の経験でも、ワシントンでの取材で、アポイントをとって当局者に面会すると、相手がまず聞くのが「オンザレコードか、バックグラウンドか、それともオフレコか、君はどの条件が希望なのか」だった。

オンレコなら話す内容を記録してそのまま引用してよいが、そのかわり、あたり障りのない内容しか話せない。バックグラウンド（背景説明）ならもう少し踏み込んだ話をするが、その場合は「政府筋」「外交筋」というふうに、記事の出所はぼかした表現にしなければならない。もしオフレコだというなら本当のことを話すが、その内容は絶対に書いてはならない。もっぱら、取材対象となっているテーマの背景事情や問題点などを理解するための参考として、頭の体操的な材料として提供する、というルールだ。もしこれが守れないようなら取材には応じられない、ということになる。

記者のランク付けやルールの厳守という点では、日本の場合はアメリカに比べて、少しルーズかもしれない。オフレコなどの約束を破って記事を書いたりしたら、アメリカでは二度と会ってくれなくなるだろうし、信用できない記者というランク付けをされてしまうが、日本では人間関係が優先されてしまうケースがたまにみられるようだ。もちろん、よくないことであり、ルールは守らなければならない。オフレコの約束を守っていたら記事が書けなくなる、などという言い訳は許されてはならない。事前にさまざまな関係者に取材して、相手からオフレコを条件に教えてもらわなくても書けるだけの、十分な材料を自力で集めておくのが正道であろう。

内密の話を聞けるようになるには、取材相手と親しくならなければならない。そのためには朝から晩まで、いわゆる「夜討ち朝駆け」で重要人物に密着する努力が必要だ。しかし、密着は癒着とは違う。どんなに親密な間柄になっても、相手との約束は守らなければならないし、また逆に、書かなければならないことであれば、仮に相手が困ることであっても、きちんと材料を集めたうえで、あえて記事を書かなければならない。

半世紀以上も昔の、入社後の研修で、当時の編集幹部が私たち記者の卵たちに向かって言った言葉が、いまでも忘れられない。

「取材するためには相手と親しく付き合わなければならない。しかし、どんなに親しくなっても、取材相手と君たちの間には、越えられない、越えてはならない溝があるんだ。相手が政治家であれ警察官であれ同じことだ。いいか、忘れるなよ」

本章でさきに、政治記者になった際の思いとして、取材の楽しみと苦しみを味わうことになったと述べたその苦しみとは、まさにこのことである。夜討ち朝駆けのハードな取材生活は、肉体的にはつらいことだが、それはたいしたことではない。本当につらいのは、親しく付き合ってくれている相手、私を信頼して胸の内まで語ってくれる相手が、私の書く記事によって不利な立場に追い込まれることになるとか、あるいは不祥事などに巻き込まれて私がそれを厳しく批判する記事を書かなければならない、などの事態に直面した時の、心の葛藤である。

取材相手との距離――密着か癒着か

取材相手との距離の取り方についての心構えとしては、政治家らを相手にする政治部記者も、事件事故を取材する社会部記者も、基本的には同じことだ。しかし、事件取材はその案件が決着すればそこで一段落となるのに対し、政治の場合は、たとえば不祥事や失言で失脚した人物でも何年かのちに復活して再び重要ポストに就くこともあるように、継続性が高い。実際、ある閣僚が失言で辞任に追い込まれた時、同僚の政治家が肩を抱いて、こう慰めているのを見たことがある。

「なあに、政治家は役者と同じさ。斬られ役が舞台を引っ込んだと思ったら、次の幕ではおしろいを塗り直し、衣装を変えて舞台に立つじゃないか。捲土重来だよ、キミ」

政治家が政治家でいる限り、どんな立場にあろうと継続して親しい関係を保っておく必要があるという点で、政治記者の心理的負担の方が大きいというのが私の実感だ。私情からいえば、相手が困るような記事は、進んで書きたくはない。しかし、新聞記者として、書くべきことを書かないことは許されない。相手と親しくなるように努力するのもすべて、読者に事実を正確に伝えるためではないか。相手におもねって筆を曲げるようなことは、あってはならない。

ロッキード事件に似たような、日米にまたがる贈収賄事件で、私が親しくしていた有力政治家が捜査対象になったことがあった。捜査の状況は社会部の取材マターだが、政治部としては、彼の出処進退が取材のテーマである。それが政局の動向にも影響を与えることになるからだ。国会審議がもつれると予算案の成立が遅れるし、たとえ予算が成立しても関連法案が成立しないと執行できないから、国政全般に影響が出る。それを見越して野党側は、関係者の証人喚問を要求し、法案審議の引き延ばしを図る、というパターンが展開される。

この事件でも、話題の中心となった当の政治家は、衆院と参院で証人喚問に引き出され、また自民党内からも離党を促す声が高まり始めていた。証人喚問で彼は、商社を通じてカネを受け取った事実は認めたが、それはあくまで「政治献金」であって、すべて政治活動に使った、航空機売り込みのためのワイロを懐にいれたというような、贈収賄事件とは全く無関係だと主張して、離党を拒否し続けていた。

秋には解散・総選挙も予想され、疑惑を抱えたままでは選挙はできないとする自民党執行部などからの離党圧力は強まる一方となり、彼の去就が党内抗争にも発展しかねない情勢となった。私たちの取材も次第に緊張感をます。彼の所在自体、つかみにくくなってきたが、そんなある日、連絡がとれて二人で会うことができた。場所は赤坂の喫茶店。入ってみると、テーブルはテレビの画面のようになっていて、それをはさんで向かい合った。

私は当時、ワシントンから帰国して間もないため知らなかったのだが、ゲーム喫茶といって、インベーダーゲームというテレビゲームの店だった。彼は以前にも来たことがあったらしく、「案外おもしろいよ、やってみるかい」。初老と中年の男二人が昼下がりのゲーム喫茶でインベーダーゲームに興ずるというのも奇妙な光景だったろうが、こんなところで大事件の渦中の人物と新聞記者が落ち合っていることなど、だれも想像できなかったろう。それでここを選んだのかと納得して、しばらくゲームを続けながらぽつりぽつりと話しだした。

「時に、どんな具合かね」

「かなり状況は厳しいと思いますよ」

「ふうむ、しかし私は離党なんかしないよ」

なぜなら、事件の捜査は終了し、彼の金銭受領の事実は認定されたものの「職務権限がなかった」として、刑事訴追の対象にならないという結論がでていた。それに、それ以前のロッキード事件では、「灰色高官」とよばれた議員たちの中で、誰一人として離党したものはいないではないか。なぜ自分だけが、しかも党内の政治家たちとの活動のためにカネを使ったのに、離党を強いられねばならないのか。

「おっしゃることはよくわかります。しかし、ここで粘ってみたところで、解散になった場合、有権者はどう判断するでしょうか。刑事訴追は免れたとしても、数億円ものカネを受け取りながら居座っている、ずるい政治家というイメージはいつまでたっても消えません。弁明に追われているようでは、今後、先生が政治的力量を発揮しようとしてもマイナスになるのではありませんか」

「……」

「私のような若輩者が言うのはおこがましい限りですが、身を捨ててこそ浮かぶ瀬もあれ、といいます。人にできないことを、思い切ってなさったらどうですか」

しばらく沈黙したあと、「うむ、わかった。やるならバッジの方だな」と言って彼は、微笑を浮かべた。離党ではない。議員辞職だ。みんなは離党せよという。そうではない。党に迷惑をかけたというより、国民の疑念と不信を招いた以上、議員としての職を辞してけじめをつけるべきだろう、そのうえで、改めて有権者の審判に従う、という決断だ。多分、だれも予想していなかった、思い切った決断だった。

長年親しく付き合ってきた彼に議員辞職を促したのもつらいことだったが、もっとつらかったのはその先だった。私は新聞記者である。彼が議員辞職という決断をしたことを、新聞に書かなくてよいのか。

自分で説得して議員辞職を決意させ、それをすぐさま書くというのでは、なんだか自作自演のようなうしろめたさを覚える。それに、相手の政治家には、私が辞職決断の特ダネを狙って説得めいた意見を述べたのかと思われるのではないか。いやしかし、そうだろうか。親しい友人というだけの間柄なら、議員辞職の決意を聞いて自分の腹に納めておくべきかもしれないが、新聞記者はそれでよいのか。彼とこうして親しく付き合えるのも、私が新聞記者だからではなかったか。

その時だ。すっかり忘れていた記者研修会でのあの言葉、「取材相手とは、どんなに親しくなっても、越えてはならない溝があることを忘れるな」が頭に浮かんだ。私は彼とは政治家仲間ではなく、新聞記者なのだ。そうであればやはり、書かなければならない。

「よく決断されました。敬意を表します。そのうえで申します。私は先生のその決断を記事に書かなければなりません。ご了解願います」

彼は黙って頷いてくれた。

翌日彼は、衆議院議長に辞職願を提出した。意表を突かれた形となった政界は、一転して鎮静化に向かった。私に対しては、記者仲間の一部から「あれほど親しかった君が率先して彼を議員辞職に追い込む記事を書くとはねえ」と、皮肉めいた声が聞かれたが、これは初めから覚悟していたことで、苦にはならなかった。胸が痛んだのは、その後の衆院解散・総選挙で再起を期した彼が、一度も負けたことのない地元選挙区で屈辱的な敗北を喫したことだったが、次の選挙では復活を果たし、その後も親しく接してくれたことに、ほっとしたことを今懐かしく思い出す。

これはほんの一例にすぎない。似たようなことは、私自身、これ以前にも以後も、何度も経験した。密着と癒着。親しさとなれ合い。はた目には見分けがつきにくいだろうが、そこには厳然とした違いがある。大事なことは、互いに立場をわきまえ、けじめを守ることだ。誠実であれば、そこから信頼感が生まれる。

そんなことは当たり前だといわれるかもしれないが、それにはかなりの精神力と勇気がいるのも事実である。よく、ジャーナリストは権力に対して批判的でなければならないといって、自分では権力の担い手に近づかないことをよしとし、そのうえで政府の政策や政府高官の行動に対し、何につけても批判を加える人たちがいるが、これは二重の意味で間違いだと思う。

ジャーナリズムが果たすべき役割

第一に、明治憲法と違っていまの憲法のもとでは、政治は「正当に選挙された国会における代表者」たちによって行われる。つまり首相をはじめ内閣を構成する政治家たちは、そもそも国民が選んだ代表たちである。それを初めから悪の存在であるかのように決めつけて攻撃対象とみなすのはおかしい。

ジャーナリズムという言葉のもとになる「ジャーナル」という用語には、もともと、反権力を意味するニュアンスは含まれていない。古代ローマの元老院などの決定事項を伝える「アクタ・ディウルナ」が語源といわれ、のち「日誌」「日記」などの意味で使われるようになった（稲葉三千男『コミュニケーション発達史』創風社）といわれる。

前述したように、近代になると印刷術の発展、新聞の普及などにより、日々の新聞報道をもとにした市民たちの議論が政治を動かすようになった。そこから議会制民主主義と言論の自由が不可分の関係にあるという認識が深まり、政治権力に対する監視機能を果たす存在としてのジャーナルの重要性が高まったということだろう。何が起きたか、なぜそうなったか、などの事実を正確に伝えることが、ジャーナリズムの一義的使命だといえる。

もちろん、権力というものは、適切な監視のもとに置かなければ腐敗やルール違反を犯す可能性があるから、絶えず厳しい目で行動を見守っていなければならないが、そうかといって政府のやることなすことをすべて問答無用とばかり批判、攻撃するのは、現代の国民主権の政治を、絶対王政時代の前近代社会と混同しているとしか思えない。国民の代表である政府が打ち出した政策が、国民生活にとって必要なものであれば当然支持すべきだろうし、もし問題があるならどこをどう改めるべきかを示して改善を促すのが、民主主義社会のジャーナリズムの役割であろう。

第二に、政治家に接近して政策意図や問題意識をしっかりと取材することなしに、どうして国民に正しい情報提供ができるというのか。事実関係を正確に把握しないで、単なる印象や思い込みで批判を加えるだけでは、政治の側からは笑いものにされるだけで、何の痛痒も与えることはできないだろう。

権力と一定の距離をとることは必要だが、近寄らないことを正しいかのように考えるのは、近接しながら心の距離を保つという緊張感に耐えられない精神の弱さか、あるいは前近代の、国民と敵対関係にある権力という、ステレオタイプの権力イメージにとらわれたジャーナリズム観によるものか、どちらかのように思える。

「ステレオタイプ」という言葉は、ウォルター・リップマンが『世論』で展開した概念である。我々が目撃する事象はすべて、見る人の立場や個性、生活習慣などからくる先入観に影響されているとして、これを「ステレオタイプ」と名付け、「(社会現象について)判断を下すにあたっては、急ぎすぎないこと」が大事だと指摘した。

リップマンのステレオタイプ論は、人間の認識の危うさを自覚的に理解するために打ち出した考え方だが、カントが「カテゴリー(範疇)」と呼んだ、人間生得の能力としての思惟形式までも同列に扱っているように読める部分があって、少し適用範囲を広げすぎているように私は思うが、人間が先入観に左右されがちであるという彼の指摘は、報道に携わる者として、深く心に刻んでおくべきことだと、常に自分を戒めている。

リップマンが言いたかったことは、同書の訳者・掛川トミ子さんの解説にあるように、「ニュースと真実の機能を合致させる」ことの大切さであり、そのためには「利害関心に捉われず、一定の距離をおいて対象をとらえ、問題に精通すると同時にさまざまな角度から光をあてて、複数の視点を読者に提示し、能うかぎり公平で客観的に記述」するという、誠実な態度の必要性だといえる。

政治が法律の制定や政策の形成に取り組む場合には、何らかの利害や権力衝動が関わっていることが多い。それを不純だと責め立ててみても、政治とはもともとそうした不純な要素なしには存在しえない以上、意味をなさない。善意に基づく行動が必ずしも良い結果を生むとは限らないのと同様、よこしまな動機で採用された政策が国民生活に好ましい結果をもたらすこともある。大事なことは、第一に、国民生活にとってよい結果を生むかどうか、あるいは国家の平和や安全に役立つかどうかという、結果のよしあしである。

しかし第二に、もちろん、その過程で不正行為やルール違反が行われたりするようなことはあってはならない。不正がないかどうか、政策や立法行為が国家や国民生活にとって弊害をもたらす危険性がないかどうか、それを調べて、主権者である国民に広く、そしていち早く知らせることが必要だ。そしてそれこそがジャーナリズムの役割であろう。リップマンが「利害関心に捉われず」といっているのは、まさにそこに政治家とジャーナリストの決定的な相違点があるからだ。政治家は利害や権力衝動によって動く。ジャーナリストはそうした政治家と、密着しつつ一定の距離を保ち、自分の利害ではなくもっぱら「公共のため」という観点から、政治の実態を観察し、報道する。

そのためには、さまざまな問題を理解し、問題点を把握する専門知識がなければならないし、また不正や不適切な事実の追及、批判を行う勇気が求められる。とくに新聞は、事実関係の「報道」とともに、新聞社としての見解や主張を表明する「言論」という機能を併せ持っているのが特徴だ。テレビは電波という公共の財産を使用することで成り立っているため、放送法などの法律で「不偏不党」「公平中立」が義務づけられていて、放送局として独自の意見を主張することはできない仕組みになっている。それに対して新聞は、独立自主の言論機関である。読者の購読料と広告収入など自主努力が経営基盤であり、どこからの圧力にも左右されずに自由に意見を表明するし、しなければならない。

自由な言論を保障するのが、新聞特有の「編集権の独立」である。戦後間もない一九四八年三月、日本新聞協会が発表した「新聞編集権の確保に関する声明」は、こう述べている。

「新聞の自由は憲法により保障された権利であり、法律により禁ぜられている場合を除き一切の問題に関し公正な評論、事実に即する報道を行う自由である」

では、編集権は誰が持っているのか。記者個人か編集局長か。数ある新聞社の中には、記者個人が勝手な意見を書くことが編集権の独立だと思い込んでいるような人がまれにいるようだが、そうではない。

「編集内容に対する最終的責任は経営、編集管理者に帰せられるものであるから編集権を行使するものは経営管理者およびその委託を受けた編集管理者に限られる。新聞企業が法人組織の場合には取締役会、理事会などが経営管理者として編集権行使の主体となる」

この経営管理者は「個人たると、団体たると、外部たると、内部たるとを問わず」、あらゆる勢力に対して編集権が侵害されないよう注意しなければならない、としているのは、戦後間もないころは新聞社も過激な労働争議などで大混乱したことがあり、その経験を踏まえてのことと思われる。そうした時代背景も背負った歴史的文書であるが、この声明に書かれている内容は現在も、基本的に全く変わることがない。新聞の自由は不変の真理として守られるべきものである。

新聞は「社会の公器」と呼ばれる。なんだか上から目線のような響きがあるといって、最近はそうした呼び方をする人は少ないようだが、私には、そうしたてらいは新聞の使命に対する感覚の薄さを示しているようにみえて、残念に思う。

新聞は記者個人の私物ではないし、同好の仲間たちが作品を寄せ合う同人誌でもない。新聞の記事は、社会のために、社会に知らせる必要があると思われることを伝えるために書かれ、報道するものである。また、言論機能を代表する社説は、新聞社特有の記事であり、会社として責任を持って表明する主張であって、執筆者個人の所感ではない。

読者に対する呼びかけもあれば、敢然と政府に対して物申すこともある。野党に対しても同様だ。時には読者から不買運動などの反対行動が起きることがあるかもしれないし、政界や経済界などからさまざまな圧力を受ける可能性もある。しかし、そうしたことを十分承知したうえで、さまざまな角度から問題点を社内で議論し、国家として、あるいは国民生活にとって、もっとも必要と思われる政策や方針を、説得力をもって表明するのが新聞の役割である。恐らく新聞だけが果たしうる使命だと思う。

メディアにはさまざまな種類がある。ラジオ、テレビ、書籍、雑誌があるし、教養を目的にしたものもあれば娯楽専門の媒体もある。最近はとくに、スマートフォンやSNSなどインターネットを中心とするデジタル媒体が急激に普及し、旧来の印刷された活字媒体から主役の座を奪う勢いだ。前述したように、デジタル媒体は、単にメディアの主力になりつつあるというだけでなく、これまでのような、情報の送り手（メディア）と受け手（読者、視聴者）という関係性が失われ、だれもが発信者であると同時に受信者でもあるという双方向関係が出現したという点で、画期的な時代を迎えたといえる。

そこには利点もあるが危険性もある。すでにみてきたようなフェイクニュースの横行や、ヘイトスピーチなど暴言、極論の氾濫である。どれが真実なのか。だれが責任をとるのか。最も肝心の点が抜け落ちたまま、便利だ、面白い、痛快だというレベルの感覚で事態が進行してゆくのを傍観するのは危険極まりない。

ある国際会議でびっくりしたことがある。英語のスピーチの日本語訳が、数秒遅れくらいのスピードで会場の字幕に映しだされていた。はじめは、あらかじめ用意されたテキストを事前に翻訳したものかと思っていたら、そうではなくて即興の翻訳らしい。ずいぶん手際よいものだと感心していたら、突然、「世界遺産」が「世界胃酸」と出た。古典芸能の「能」は「脳」になったり「ノー」と出る。なんだこれは、とのけぞる思いで友人に「ひどい翻訳だねえ」というと、「ＡＩの自動翻訳ですね」と苦笑していた。

こうした間違いも、いずれＡＩ技術の改良によって克服されるかもしれない。またそうなってもらわなければならないが、もし新聞のような活字媒体で「正解」が示されない世界になってしまったら、一体どういうことになるだろうか。いまはまだ、私たちは「胃酸」は「遺産」の間違いだと瞬時にわかるが、もしデジタル媒体ばかりの世の中だったら、間違いを間違いと認識することすらできなくなってしまうのではないか。そう考えると、りつ然とせざるをえない。

正しい言葉、信頼できる情報は、必ず、いつも、なければならない人間生活の生命線ともいえる。デジタル技術は大いに活用すべきだろうが、それを役立たせるためにも、正確であることが検証された、信頼できる、そして責任の所在が明確な情報が、一方に存在しなければならない。その役割を果たせるメディアこそ新聞である。新聞は、デジタル媒体に押しのけられるのではなく、デジタル媒体を有効に機能させるためにも不可欠な、社会的インフラストラクチャーである。新聞記者を志す若い世代にその気概を期待して、筆を擱きたい。

あとがき

新聞社には、毎日のように問い合わせや意見、批判、要望など、さまざまな声が寄せられる。記事に対して賛成であれ反対であれ、どれも読者、すなわち情報の受け手である一般の人々の反応や関心の多様さを知ることができて、参考になる。情報の送り手である私たち紙面作成者側にとって貴重な情報だから、必ず目を通すことにしている。

ただ時たま、答えに窮するような意見もある。先日もこんな注文があった。政治家のウソを批判した記事について、「なぜ政治家はそんなウソをつくのか、新聞はそこをちゃんと論じてほしい」というのだ。

ウソをつく理由を説明せよ、といわれてもハタと困る。ウソは政治家に限らず世間一般にあふれている。知られたくない、つごうが悪い話は隠したい、あるいは、本当のことをいうと相手が傷つくだろうから当たり障りなくごまかす、などの場合に、人はしばしばウソをつく。あなたはそんな経験をしたことがありませんか、とでも言えばよいのか。

いやしかし、そんな答えをこの読者は求めたのではないだろう。政治家が国会で、すぐにもウソとわかるような虚偽の答弁をして、しかもそれで責任を取らされるわけでもなく平然と押し通していられるのはなぜなのか、という疑問ではないのか。そうだとすればこの読者は、政治における権力行使のあり方について、重要な問題を提起しているように思える。かなり深い問いかけと受け止めるべきだろう。

世間一般の私人であれば、ウソが招く結果の責任は、本人が負わなければならない。だからうかつにウソはつけないという抑制も働く。ところが政治家の場合、とくに近年の首相や政府高官らの場合、本人だけでなく側近の官僚たちまでが口をそろえて虚偽答弁を繰り返し、そればかりか証拠の文書を隠したり改ざんして、ウソをつき通す工作をする。しかも国会の会期が終われば、それで乗り切りに成功したとみなされてしまう。

なぜそんなことが許されるのか。いや、許されるわけではないし、結果的に命取りにもなりかねない危険が潜んでいるのだが、許されるとでも思っているかのような振る舞いをするのはなぜなのか。そこに「権力の罠」とでも呼べるような、権力の座、あるいはその周辺に位置する人びとが陥りやすい、政治の世界に特有の心理作用が働いているのだ。

「権力」といっても宝石や金貨のような物質ではなく、制度上定められた地位と役割に伴う機能、あるいはその機能をめぐる関係者たちの「関係」概念だと私は理解している。そうみれば、当事者たちの心理作用などが権力の行方に大きな影響を与えることが理解できよう。人を従わせる機能は、その職責に託されたものなのだが、その権限を行使することに伴う快感は、うっかりするとその人物を、自分が偉大だと勘違いさせ、万能感に酔わせることになる。蜜が毒に変わるのだ。

かつて官房長官を務めたことのある政治家が語った言葉を思い出す。

「就任して何カ月かたって、ふと怖くなったよ。こういうことはできないかなあというと、秘書官たちがたちどころに『ハイわかりました。そうします』というんだ。なんでもいうとおりになってしまう。もし自分の言ったことが本当はやるべきでないことだったとしたら、大変なことになる。首相官邸にいるというのは怖いことだと思ったね」

その罠に堕ちないように、たえず自分を戒めて権力の座を維持するのは、並大抵のことではない。権力欲のぶつかり合いのすえに勝ち取った権力ではあっても、その権力は国民から託された預かりもので、国家と国民のためにのみ行使しなければならないという責任感と緊張感。その重圧に耐えきれる人たちだけが、政権の安定を確保できる。

そのはずなのに、最近の政治はどうもおかしい。ウソや謀略自体は、本書でみてきたように、政治の世界ではちっとも珍しいことではないのだが、最近は、当事者たちの言動に、ウソをついても痛い目にあうことはあるまいといった、タカをくくったような姿勢がみえてならないのだ。一体これはどうしたことだろう。

そんな思いから、長年にわたる取材経験をもとに、政治の世界の変容ぶりとその問題点を考えてみたのが本書である。

政治の劣化の遠因に、小選挙区制を軸とした選挙制度改革の影響があることは否定できない。金権政治や怨念の権力闘争の政治から政策本位、政党本位の政治へ、という政治改革の目標は間違っていなかったのだが、よかれと思った行為が裏目に出て、未熟な政治家の横行や緊張感を欠いた政治という、負の結果を生んでしまったこともまた、現実として認めざるを得ない。「政治改革の第二幕」へ、真剣に取り組むべき時を迎えている。

しかしまた、政治を批判するだけで問題が解決すると考えるのは、早計にすぎよう。劣化は政治の世界だけで起きている現象でないことにも、目を向けなければならない。

極論、暴言、個人攻撃などが飛び交う最近の言論空間の劣化現象は、インターネットなどデジタル技術の進展がもたらした新しい難問でもある。選挙制度が政治家の質を変えてしまったように、デジタル化というコミュニケーション・ツールの登場が、一般の人びとの意識まで変えつつある。ネット上での個人同士の罵り合いや、二〇一九年の参院選で奇矯な主張を掲げた新政党が堂々と議席を獲得したことなど、いずれも互いに無関係の出来事ではない。どちらも非常識な、節度を失った異常な社会現象である。

つい数年前までは異常と思われていたはずのことが、いまでは日常の風景になろうとしていることに、改めて驚かざるをえない。異常を正常と取り違えたり、みんながそうだからといって自分をそれに馴らそうとしてはならない。制度の改革を考えるうえでも、異常は異常であることをしっかりと認識することから始めなければなるまい。

ジョージ・オーウェルは、独裁権力のもとでの監視社会の危険性を訴えるために、空想小説『一九八四年』などの作品を書いた。たしかにいま現実に、独裁的政治権力によって十数億人の顔認証やカードでの支払い記録などを駆使した国民監視が実施されている国があることを考えれば、オーウェルの警告に改めて耳を傾ける必要があるだろう。

しかし他方、現代の自由かつ民主的な社会では、防犯カメラが、犯罪捜査に大きな成果を上げて社会の安全に寄与している。大事なことは、だれが、何のために使うかにある。技術は善にも悪にも利用されるものだ。巨大ＩＴ企業のもとに集積される大量の個人データの扱いは、その負の側面だろう。人々が便利さや快適さを追い求めた結果の情報やデータが、商品のように売買されて、業者に巨大な富をもたらしている。ネットやＳＮＳでは、悪ふざけやいじめの動画を投稿して「いいね」の反応を競い合っている現実もある。

警戒しなければならないのは、権力による抑圧だけではない。私人同士が自由と尊厳を侵しあう社会の忌まわしさに、現代の私たちは気づかねばならないだろう。オーウェルが作品を書くにあたって大切にした「不正に対する嗅覚」は、今日においては、単に権力の不正だけでなく、現代社会の不正常な姿にも向けられなければなるまい。そうした視点に立てば、不正の追及とともに「世の注意」を促そうとした彼の言葉は、私を本書執筆に駆り立てた思いとも重なって、新鮮な共感を呼び起こしてくれる。

「(私が)一冊の本を書こうとする時、『芸術作品を書くぞ』と思うことはない。暴露したい嘘があるから、世の注意を促したい事実があるから、書くのであって、最大の関心事は耳を貸してもらうことである」(岩波文庫『オーウェル評論集』所収「なぜ書くか」)

本書の出版は、藤原書店の藤原良雄社長、編集者の刈屋琢さんの助言と多大な協力なしには実現しなかった。そして何よりも、半世紀に及ぶ記者生活を終始ご指導してくださった渡邉恒雄・読売新聞グループ本社主筆に、心からの感謝をささげる。

老川祥一

戦後日本政治略史（1945–2021）

年	月日	日本政治史関連事項
一九四五（昭和20）	8・15	終戦詔書の玉音放送
	9・2	降伏文書に調印
一九四六（昭和21）	11・3	日本国憲法公布
一九四八（昭和23）	11	極東国際軍事裁判最終判決、東条英機ら7人死刑執行
一九五一（昭和26）	9・8	サンフランシスコ講和会議、平和条約、日米安保条約調印（吉田茂全権）
一九五五（昭和30）	10・13	左右社会党が統一
	11・15	自由、民主両党が合同
一九五六（昭和31）	10・19	日ソ共同宣言で国交回復
	12	日本が国連に加盟
一九六〇（昭和35）	6・19	日米新安保条約が自然承認
一九六四（昭和39）	10・10	東京オリンピック開催
一九六五（昭和40）	6・22	日韓基本条約に調印
一九七一（昭和46）	6・17	沖縄返還協定に調印
一九七二（昭和47）	7・7	田中角栄内閣発足
	9・29	日中国交正常化

一九七三（昭和48）	10	第四次中東戦争、石油危機と狂乱物価
一九七四（昭和49）	12・9	三木武夫内閣発足
一九七六（昭和51）	2・4	ロッキード事件発覚
	7・27	田中角栄前首相逮捕
	12・24	福田赳夫内閣発足
一九七八（昭和53）	12・7	大平正芳内閣発足
一九七九（昭和54）	6・28	東京で第五回先進国首脳会議（サミット）開催
一九八〇（昭和55）	5・16	大平内閣不信任案が自民党反主流派の造反で可決
	5・19	衆院解散、初の衆参同日選挙
	6・12	大平正芳首相が急死
	6・22	衆参両院で自民党が安定多数を確保
	7・17	鈴木善幸内閣発足
一九八二（昭和57）	11・27	中曽根康弘内閣発足
一九八五（昭和60）	2・7	竹下登蔵相の「創政会」旗揚げで田中派の内紛激化
	2・27	田中元首相が脳梗塞で入院
一九八七（昭和62）	11・6	竹下登内閣発足
一九八八（昭和63）	6・18	リクルートコスモスの未公開株譲渡事件発覚
一九八九（平成元）	1・7	昭和天皇崩御
	1・8	平成と改元

	6・3	中国で天安門事件
	6・3	宇野宗佑内閣発足
	7・23	参院選で自民党惨敗、宇野宗佑首相が辞任
	8・10	海部俊樹内閣発足
	11	ベルリンの壁崩壊
一九九〇（平成2）	2	株価暴落、バブル崩壊
	8・2	イラクがクウェート侵攻
	10・3	東西ドイツが統一
一九九一（平成3）	1・17	多国籍軍がイラク空爆、湾岸戦争
	11・5	宮沢喜一内閣発足
	12・26	ソ連邦が崩壊、冷戦終結
一九九二（平成4）	8・27	東京佐川急便事件で金丸信自民党副総裁への五億円献金問題表面化
一九九三（平成5）	3・6	金丸前副総裁逮捕
	6・18	政治改革法案不成立で宮沢内閣不信任案が自民党内の造反により可決、衆院解散
	7・18	衆院選で自民党が過半数割れ、自社55年体制崩壊
	8・4	河野洋平官房長官が慰安婦問題で「お詫びと反省」の談話発表
	8・9	非自民七党一会派の連立による細川護煕内閣成立
一九九四（平成6）	1・28	政治改革法案の修正で細川首相と河野自民党総裁が合意、小選挙区比例代表並立制の衆院新選挙制度導入が決まる

一九九四（平成6）	4・26	羽田孜内閣発足
	6・30	村山富市を首相とする自社さ三党連立政権成立
一九九五（平成7）	1・17	阪神・淡路大震災
	3・20	オウム真理教による地下鉄サリン事件
一九九六（平成8）	1・11	橋本龍太郎内閣発足
一九九八（平成10）	7・30	小渕恵三内閣発足
二〇〇〇（平成12）	4・5	森喜朗内閣発足
二〇〇一（平成13）	4・26	小泉純一郎内閣発足
	9・11	アメリカで同時多発テロ
二〇〇二（平成14）	9・17	小泉純一郎首相が訪朝、初の日朝首脳会議
二〇〇三（平成15）	3・19	ブッシュ米大統領、イラク攻撃開始を宣言
二〇〇五（平成17）	8・8	郵政民営化問題で小泉首相が衆院を解散
	9・11	衆院で自民党が圧勝
二〇〇六（平成18）	7・5	北朝鮮がテポドン発射
	9・26	第一次安倍晋三内閣発足
	10・9	北朝鮮が地下核実験
二〇〇七（平成19）	1・9	防衛庁が省に昇格
	7・30	米下院が慰安婦問題で日本に公式謝罪を求める決議
	9・26	福田康夫内閣発足

	11・2	福田康夫首相と民主党の小沢一郎代表が自民・民主両党の連立構想で合意したが、民主党内の反対で挫折
二〇〇八（平成20）	9・15	米証券大手のリーマン・ブラザーズが経営破綻
	9・24	麻生太郎内閣発足
	10・6	世界同時株安
二〇〇九（平成21）	7・21	衆院解散
	8・30	衆院選で民主党が308議席を獲得し、政権交代
	9・16	民主党の鳩山由紀夫を首相とする民主、社民、国民新党の連立政権成立
	11・11	行政刷新のための事業仕分けがスタート
二〇一〇（平成22）	1・15、16	小沢一郎民主党幹事長の資金管理団体による土地購入問題で元秘書ら逮捕
	4・22	鳩山首相の資金管理団体による偽装献金事件で元秘書らに判決、鳩山首相は辞任（6・8）
	6・8	菅直人内閣発足
	7・11	参院選で民主党が大幅議席減
	9・7	尖閣諸島沖で中国漁船が海上保安庁の巡視船に体当たり、船長を公務執行妨害で逮捕
二〇一一（平成23）	3・11	東日本大震災、大津波の被害、福島第一原発事故の大混乱
	9・2	野田佳彦内閣発足
二〇一二（平成24）	7・3	ロシアのメドベージェフ首相が北方領土の国後島訪問

年	月日	事項
二〇一二（平成24）	8・10	韓国の李明博大統領が島根県・竹島に上陸
	9・11	野田佳彦内閣が尖閣諸島の国有化を閣議決定
	9・14	尖閣諸島周辺領海内に中国の監視船6隻が侵入、北京など中国各地で反日デモ
	11・16	野田首相と安倍晋三自民党総裁の党首討論をへて衆院解散
	12・16	衆院選で自民党が圧勝
	12・26	第二次安倍内閣が発足、3年3カ月ぶりに自民・公明の連立政権が復活
二〇一三（平成25）	1・22	政府・日銀が2パーセントのインフレ目標を明記した異例の共同声明を発表、デフレ脱却をめざすアベノミクス政策スタート
	7・21	参院選で自民党が過半数を獲得、衆参のねじれ状態が解消
	7・30	米カリフォルニア州グレンデール市に「従軍慰安婦」像
	11・23	中国が尖閣諸島を含む東階海上に防空識別圏を設定
	12・6	特定秘密保護法が成立
	12・16	安倍首相が靖国神社を参拝、米政府は「失望」を表明
	12・17	「国防の基本方針」に代わる「国家安全保障戦略」を閣議決定、積極的平和主義が柱
二〇一四（平成26）	3・18	ウクライナのクリミア自治共和国が住民投票でロシアへの編入に賛成、ロシアが編入宣言
	6・29	イスラム教スンニ派の過激派組織が「イスラム国」を宣言
	7・1	集団的自衛権を限定容認する新政府見解を閣議決定
	7・18	ウクライナ上空でマレーシア航空機撃墜、ウクライナ政府は親ロシア武装集団の関与を主張

年	月日	事項
	8・5	朝日新聞社が従軍慰安婦報道のもとになった吉田清治の「強制連行」証言を「虚偽」と認定、一部記事の取り消しを発表
	8・6	米軍が「イスラム国」に空爆開始
	8・19	「イスラム国」に拘束されていた米ジャーナリストが処刑
	9・11	朝日新聞社が福島第一原発事故の調査報告書語法問題で記事を撤回、社長が謝罪会見
	12・14	衆院選で自民・公明の与党が衆院の三分の二超の圧勝、第三次安倍内閣発足（12・24）
二〇一五（平成27）	1・7	パリでイスラム過激派の武装グループが政治週刊誌「シャルリー・エブド」本社を襲撃、編集長ら12人死亡
	1・20	安倍首相が中東歴訪中に、「イスラム国」がインターネットで日本人ジャーナリストら二人の殺害予告、身代金2億ドルを要求
	1・25	人質の一人、湯川遥菜さん殺害のインターネット映像
	2・1	人質のジャーナリスト、後藤健二さん殺害のインターネット映像
	2・3	「イスラム国」が拘束していたヨルダン人パイロットを焼殺のインターネット映像
	5・17	「大阪都構想」の賛否を問う住民投票で反対多数、大阪市の存続決定、橋下大阪市長は政界引退表明
	6・17	改正公職選挙法成立、選挙権年齢18歳以上に引下げ、'16・6・19施行
	9・19	安全保障関連法成立、集団的自衛権容認、自衛隊の武力行使や米軍などへの後方支援拡大

二〇一五（平成27）	12・28	日韓の外相が日本軍「慰安婦」問題で合意、被害者支援事業の実施を前提に、「慰安婦」問題が「最終的かつ不可逆的に解決される」と表明
二〇一六（平成28）	1・29	日銀、マイナス金利導入（2・16実施）
	2・7	北朝鮮「人工衛星」と称する長距離弾道ミサイルを発射
	3・14	民主党と維新の党が合併、民進党が衆参156人で発足
	3・29	安全保障関連法施行
	5・24	取り調べの一部可視化・司法取引を導入した刑事司法改革関連法成立、ヘイトスピーチ対策法成立
	5・27	オバマ米大統領、広島を訪問、現職の米大統領では初
	6・23	英国、国民投票でEU離脱指示が過半数（ブレグジット）
	7・10	参院選、初の18歳国政選挙、改憲4会派が3分の2議席獲得
	8・8	明仁天皇、ビデオメッセージで生前退位の意向表明
	10・26	自民党、党の総裁任期を2期6年から3期9年に延長
	11・9	トランプ、米大統領選挙で民主党のヒラリー・クリントンを破り勝利
	11・15	南スーダン派遣のPKO自衛隊に駆けつけ警護の任務賦与を閣議決定
	11・29	韓国朴槿恵大統領、機密漏洩疑惑に対する国民運動で辞意表明
	12・15	カジノ解禁法成立
二〇一七（平成29）	1・20	トランプ米大統領、就任演説で「アメリカ・ファースト」主義を宣言
	1・23	トランプ米大統領、TPP離脱の大統領令に署名

2・7	防衛相、「廃棄済み」としてきた南スーダンPKO派遣陸上自衛隊の日報を公表、複数回「戦闘」という記載
2・13	朝鮮労働党委員長・金正恩の異母兄・金正男、マレーシアで殺害される
3・10	南スーダンからの陸自撤収を決定
3・13	安倍首相、知人が理事長を務める加計学園の国家戦略特区認定をめぐり、自らの関与を否定
3・23	首相夫人が名誉校長を務めた森友学園への国有地売却で、国会が理事長を証人喚問
4・5	北朝鮮が弾道ミサイル発射、4・16、4・29にも発射
5・3	安倍首相が二〇二〇年施行を目標に、9条に自衛隊を明記する憲法改正の意向を表明
5・10	韓国大統領に文在寅就任
6・9	天皇退位特例法成立
6・15	「テロ等準備罪（共謀罪）」法成立
7・2	都議選で自民党大敗、小池知事率いる「都民ファーストの会」第一党
9・25	小池都知事、国政新党「希望の党」結成、9・28民進党が希望の党に合流し、事実上解党
10・2	民進党の枝野代表代行、希望の党合流に反発する議員として新党「立憲民主党」結成を発表
10・22	総選挙で自民圧勝、284議席獲得
12・6	トランプ大統領、エルサレムをイスラエルの首都と認めると発表

年	月・日	事項
二〇一七（平成29）	12・28	韓国文大統領、「慰安婦」問題は二〇一五年日韓合意で解決されないと声明
二〇一八（平成30）	3・12	財務省、森友問題に関する公文書改ざんを認める
	4・2	防衛相、不存在としてきた陸自イラク派遣時の日報発見を陳謝
	4・10	愛媛県、加計問題で元首相秘書官の「首相案件」発言を記載した文書の存在公表
	4・27	南北首脳会談、「朝鮮戦争の年内終戦」「半島の非核化」を宣言
	6・4	財務省、森友問題に関連して職員20人を処分、麻生大臣は続投
	6・12	シンガポールデ初の米朝首脳会談
	6・13	成人年齢を18歳に引下げ、結婚年齢を男女ともに18歳とする改正民法成立、'22・4・1施行予定
	7・6	オウム真理教元代表の松本智津夫ら7人の死刑執行、7・26元幹部6人も／西日本豪雨、死者220人超
	9・6	北海道で最大震度7の地震（北海道胆振東部地震）、死者41人／優生保護法下で強制不妊手術を受けた個人を3033人特定
	11・19	日産カルロス・ゴーン会長、金融商品取引法違反容疑で逮捕
	12・8	外国人労働者受入れを拡大する改正出入国管理法が成立'19・4・1施行
	12・26	日本政府、国際捕鯨委員会（IWC）からの脱退発表
二〇一九（令和元）	1・3	元徴用工への賠償判決をめぐり、韓国の裁判所が新日鐵住金資産の差押えを認める
	1・11	「毎月労働統計調査」の不適切な取扱いによる雇用保険や労災保険の過少給付は五六〇億円以上と厚労省が公表
	2・1	トランプ米大統領、ロシアとのINF全廃条約から離脱すると正式表明

	3・14	森友学園設置趣意書の不開示問題について、大阪地裁が違法を認定
	4・1	改正出入国管理法に基づく「特定技能」外国人労働者の受け入れ開始／新元号を「令和」と発表
	4・30	明仁天皇退位、上皇に
	5・1	徳仁天皇即位、令和元年
	10・22	徳仁天皇、即位の礼
	11・20	安倍首相、通算在職二八八七日で歴代最長を記録
	12・25	秋元司衆院議員を、東京地検特捜部が、統合型リゾート（IR）事業参入をめざす中側企業から三〇〇万円を受け取った収賄容疑で逮捕。秋元議員はその後も証人買収容疑で計4回逮捕される
二〇二〇（令和2）	1・16	新型コロナウイルスで国内初の感染者確認（神奈川県在住の中国人男性）
	3・2	新型コロナウイルス感染拡大防止のため全国小中学校、高校が一斉休校に
	4・7	コロナ禍で7都府県対象に緊急事態宣言、その後全国に拡大
	6・18	前法相・河井克行衆院議員と妻の河井案里参院議員が公選法違反で逮捕
	8・24	安倍首相、連続在職二七九九日で歴代最長。通算、連続ともに憲政史上最長を記録
	8・28	安倍首相、体調不良を理由に突然の辞任表明
	9・14	自民党総裁選挙で菅義偉官房長官を第26代総裁に選出
	9・16	安倍内閣が総辞職（在職日数は第2次内閣から連続で二八二二日、第1次からの通算では三一八八日）。菅義偉氏が第99代内閣総理大臣に就任

二〇二〇（令和2）	10・1	日本学術会議の会員任命にあたり、会議が推薦した候補のうち6人の任命を菅内閣が拒否。理由の説明も拒否
	11・3	米大統領選挙。郵便投票の結果待ちで決着持ち越し
	11・7	民主党のジョー・バイデン候補が勝利宣言。トランプ氏は「選挙は不正」と主張して敗北宣言を拒否
	12・24	安倍氏の「桜を見る会」前夜祭の資金処理をめぐって、東京地検特捜部が安倍氏の公設第1秘書を政治資金規正法違反（不記載）容疑で略式起訴。東京簡裁は罰金一〇〇万円の略式命令。安倍氏は「事実と異なる国会答弁」について謝罪
二〇二一（令和3）	1・6	「選挙は不正」というトランプ氏のツイッターに呼応して支持者らが米議会議事堂に乱入、4人が死亡
	1・7	新型コロナウイルスの感染拡大で、1都3県を対象に2回目の緊急事態宣言。その後11都府県に拡大
	1・10	トランプ氏が議事堂乱入を扇動したとして、米下院がトランプ氏の弾劾訴追を可決。大統領の弾劾訴追は歴史上4度目。一人で2回の訴追は米史上初
	1・15	吉川貴盛・元農相を、東京地検特捜部が、大手鶏卵会社から在任中に五〇〇万円を受け取った収賄容疑で在宅起訴
	1・20	バイデン氏が第46代米国大統領に就任。トランプ氏は就任式を欠席

参考文献

新しい日本をつくる国民会議『政治の構造改革』東信堂、二〇〇二年
アーレント、ハンナ『過去と未来の間――政治思想への8試論』引田隆也・斎藤純一訳、みすず書房、一九九四年
石川真澄・山口二郎『戦後政治史　第3版』岩波新書、二〇一〇年
ヴァレリー、ポール『精神の危機』恒川邦夫訳、岩波文庫、二〇一〇年
ウェーバー、マックス『職業としての政治』脇圭平訳、岩波文庫、一九八〇年
――『支配の諸類型――経済と社会　第1部第3章、第4章』世良晃志郎訳、創文社、一九七〇年
ヴォルテール『哲学書簡』林達夫訳、岩波文庫、一九八〇年
海野弘『スパイの世界史』文藝春秋、二〇〇三年
老川祥一『政治家の胸中――肉声でたどる政治史の現場』藤原書店、二〇一二年
――『終戦詔書と日本政治――義命と時運の相克』中央公論新社、二〇一五年
オーウェル、ジョージ『オーウェル評論集』小野寺健訳、岩波文庫、一九八二年
大野伴睦『大野伴睦回想録』弘文堂、一九六二年
岡崎守恭『自民党秘史――過ぎ去りし政治家の面影』講談社現代文庫、二〇一八年
蒲島郁夫・竹下俊郎・芹川洋一『メディアと政治』有斐閣アルマ、二〇〇七年
上脇博之『誰も言わない政党助成金の闇――「政治とカネ」の本質に迫る』日本機関紙出版センター、

二〇一四年
羅貫中『完訳 三国志』小川環樹・金田純一郎訳、岩波文庫、一九八八年
岸信介『岸信介回顧録――保守合同と安保改定』廣済堂出版、一九八三年
木下厚『政治家失言・放言大全――問題発言の戦後史』勉誠出版、二〇一五年
京極純一『日本人と政治』東京大学出版会、一九八六年
――『日本の政治』東京大学出版会、一九八三年
楠田實『楠田實日記――佐藤栄作総理首席秘書官の二〇〇〇日』和田純・五百旗頭真編、中央公論新社、二〇〇一年
久米邦武『特命全権大使米欧回覧実記 1―5巻』田中彰校注、岩波文庫、一九七七年
児玉誉士夫『悪政・銃声・乱世――児玉誉士夫自伝』廣済堂出版、一九七四年
小林恭子『英国公文書の世界史――一次資料の宝石箱』中公新書ラクレ、二〇一八年
小林秀雄『考えるヒント2』文春文庫、一九七五年
佐々木毅ほか『平成デモクラシー――政治改革25年の歴史』講談社、二〇一三年
佐藤卓己『流言のメディア史』岩波新書、二〇一九年
失言王認定委員会『大失言――戦後の失言・暴言・放言〈厳選77〉まことに遺憾ながら……』情報センター出版局、二〇〇〇年
信田智人『政治主導VS.官僚支配――自民政権、民主政権、政官20年闘争の内幕』朝日新聞出版、二〇一三年
城山三郎『官僚たちの夏』新潮文庫、一九八〇年
新藤宗幸『政治主導――官僚制を問いなおす』ちくま新書、二〇一二年

芹川洋一『平成政権史』日本経済新聞出版社、二〇一八年
孫子『孫子　新訂』金谷治訳、岩波文庫、二〇〇〇年
タルド、ガブリエル『世論と群集』稲葉三千男訳、未來社、一九六四年
チェスタトン、ギルバート・キース『正統とは何か』安西徹雄訳、春秋社、一九九五年
チャーチル、ウィンストン『チャーチル名言録　100 of Winston Churchill's Best Quotes』中西輝政監修・監訳、扶桑社、二〇一六年
辻清明『日本官僚制の研究』東京大学出版会、一九五二年
テイラー、アラン・ジョン・パーシベール『第二次世界大戦の起源』吉田輝夫訳、講談社学術文庫、二〇一一年
デカルト、ルネ『方法序説』落合太郎訳、岩波文庫、一九五三年
――『哲学原理』桂寿一訳、岩波文庫、一九六四年
寺脇研『官僚がよくわかる本――権力、価値観、天下り……官僚の実態がわかれば、政治の仕組みがみえてくる！』アスコム、二〇一〇年
ドイル、コナン『シャーロック・ホームズの事件簿』延原謙訳、新潮文庫、一九五三年
徳山喜雄『安倍晋三「迷言」録――政権・メディア・世論の攻防』平凡社新書、二〇一六年
戸部良一ほか『失敗の本質――日本軍の組織論的研究』ダイヤモンド社、一九八四年
冨森叡児『戦後保守党史』岩波現代文庫、二〇〇六年
中北浩爾『自民党――一強の実像』中公新書、二〇一七年
ニーバー、ラインホールド『道徳的人間と非道徳的社会』新装復刊、大木英夫訳、白水社、二〇一四年
日本再建イニシアティヴ『民主党政権失敗の検証――日本政治は何を活かすか』中公新書、二〇一三年

ハーバーマス、ユルゲン『公共性の構造転換』細谷貞雄訳、未來社、一九七三年
早坂茂三『政治家は「悪党」に限る』集英社文庫、一九九八年
バルザック、オノレ・ド『役人の生理学』鹿島茂訳、講談社学術文庫、二〇一三年
福田直子『デジタル・ポピュリズム――操作される世論と民主主義』集英社新書、二〇一八年
保坂正康『平成史』平凡社新書、二〇一九年
マイネッケ、フリードリヒ『世界の名著 54　近代史における国家理性の理念』岸田達也訳、中央公論社、一九六九年
牧野武文『失言から見た政治家の品格』インフォレスト、二〇〇七年
牧原出『崩れる政治を立て直す――21世紀の日本行政改革論』講談社現代新書、二〇一八年
間柴泰治・柳瀬晶子「資料　主要政党の変遷と国会内勢力の推移」、『レファレンス』二〇〇五年四月号、国立国会図書館調査立法考査局
升味準之輔『日本政治史3――政党の凋落、総力戦体制』東京大学出版会、一九八八年
松岡資明『公文書問題と日本の病理』平凡社新書、二〇一八年
民間政治臨調『日本変革のヴィジョン――民間政治改革大綱』講談社、一九九三年
物江潤『ネトウヨとパヨク』新潮新書、二〇一九年
森本あんり『異端の時代――正統のかたちを求めて』岩波新書、二〇一八年
薬師寺克行『現代日本政治史　A Political History of Contemporary Japan――政治改革と政権交代』有斐閣、二〇一四年
読売新聞経済部『インサイド財務省』中央公論新社、二〇一九年
ランケ、レオポルト・フォン『世界史概観――近世史の諸時代』鈴木成高・相原信作訳、岩波文庫、一

九四一年
リップマン、ウォルター『世論　上下』掛川トミ子訳、岩波文庫、一九八七年
ル・ボン、ギュスターヴ『群衆心理』桜井成夫訳、講談社学術文庫、一九九三年
渡辺昭夫『戦後日本の宰相たち』中公文庫、二〇〇一年

ラ行

ワ行

人名索引

本文中の人名を採り姓名の五十音順で配列した。

ア　行

カ　行

著者紹介

老川祥一（おいかわ・しょういち）

読売新聞グループ本社 代表取締役会長・主筆代理、国際担当（The Japan News 主筆）（2019年9月より）、読売新聞東京本社 取締役・論説委員長（2020年6月より兼務）。

1941年東京都出身。早稲田大学政治経済学部政治学科卒業。64年読売新聞社（東京本社）に入社し、盛岡支局に配属。70年政治部、76年ワシントン支局。論説委員、政治部長などを経て、取締役編集局長、大阪本社専務取締役編集担当、大阪本社代表取締役社長、東京本社代表取締役社長・編集主幹、読売新聞グループ本社 取締役最高顧問、読売巨人軍 取締役オーナーを歴任。2019年春、日本政治法律学会報道学会賞受賞。

著書に『自衛隊の秘密』（潮文社）、『自民党の30年』（読売新聞社、共著）、『政治家の胸中』（藤原書店）、『終戦詔書と日本政治』（中央公論新社）、『やさしい国会のはなし』ほか「やさしい」シリーズ（法学書院、編著）など。

政治家《せいじか》の責任《せきにん》　——政治《せいじ》・官僚《かんりょう》・メディアを考《かんが》える

2021年3月30日　初版第1刷発行©

著　者　老　川　祥　一

発行者　藤　原　良　雄

発行所　株式会社　藤　原　書　店

〒162-0041　東京都新宿区早稲田鶴巻町523
電　話　03（5272）0301
FAX　03（5272）0450
振　替　00160 - 4 - 17013
info@fujiwara-shoten.co.jp

印刷・製本　中央精版印刷

落丁本・乱丁本はお取替えいたします
定価はカバーに表示してあります

Printed in Japan
ISBN978-4-86578-304-9

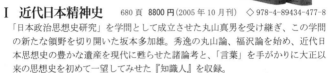

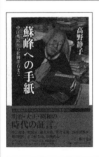

政党−官僚関係の構造と歴史を初めて読解

政党と官僚の近代

（日本における立憲統治構造の相克）

清水唯一朗

なぜ日本の首相は官僚出身なのか？「政党と官僚の対立」という通説を問い直し、両者の密接な関係史のなかに政党政治の誕生を跡付け、その崩壊をもたらした構造をも見出そうとする野心作！

Ａ５上製　三三六頁　**四八〇〇円**
（二〇〇七年一月刊）
◇978-4-89434-553-9

「内政における総務省」の実像に初めて迫る！

内務省の政治史

（集権国家の変容）

黒澤　良

戦前日本の支配体制の中核とされ、敗戦時のその解体が「戦後」到来の象徴として描かれてきた「内務省」。一八七三年から七四年間にわたって、近代日本の行政の中枢に君臨した内務省とは、何だったのか。内務省の権能のメカニズムと、その盛衰のプロセスに初めて内在的に迫った気鋭の政治学者による野心作。

Ａ５上製　二八八頁　**四六〇〇円**
（二〇一三年九月刊）
◇978-4-89434-934-6

諸勢力の対立と競合のドラマ

戦後政治体制の起源

（吉田茂の「官邸主導」）

村井哲也

首相の強力なリーダーシップ（官邸主導）の実現を阻む、「官僚主導」と「政党主導」の戦後政治体制は、いかにして生まれたのか。敗戦から占領に至る混乱期を乗り切った吉田茂の「内政」手腕と、それがもたらした戦後政治体制という逆説に迫る野心作！

Ａ５上製　三五二頁　**四八〇〇円**
（二〇〇八年八月刊）
◇978-4-89434-646-8

「行政の萎縮」という逆説

戦後行政の構造とディレンマ

（予防接種行政の変遷）

手塚洋輔

占領期に由来する強力な予防接種行政はなぜ「国民任せ」というほど弱体化したのか？安易な行政理解に基づく「小さな政府」論、「行政改革」論は「行政の責任分担の縮小」という逆説をもたらしかねない。現代の官僚制を捉える最重要の視角。

四六上製　三〇四頁　**四二〇〇円**
（二〇一〇年二月刊）
◇978-4-89434-731-1